Dogen Zenji

Eihei Shingi

Regeln für die Zen-Gemeinschaft

Eihei Shingi. Regeln für die Zen-Gemeinschaft/Dogen Zenji. – Frankfurt: Angkor Verlag 2022

Deutsch von Taro Yamada.

Printed in Germany

www.angkor-verlag.de

ISBN: 978-3-98804-000-8
E-Book: 978-3-98804-001-5

Inhalt

Vorbemerkung

Die sechs auf Chinesisch verfassten Texte des Eihei Shingi wurden 1667 erstmalig vom 30. Abt des Eiheiji, Kosho Chido, in der „Shohon-Ausgabe" zusammengefasst. Dies geschah zu einer Zeit, als die Obaku-Schule in Japan mit ihren Klosterregeln Einfluss gewann. Eiheijis 35. Abt, Gento Sokuchu, verantwortete 1794 die „Rufubon-Ausgabe", in der er kürzere Passagen, die er offenbar als Ergänzungen Kosho Chidos ansah, in die Fußnoten verwies. In unserer Übersetzung sind sie im Haupttext erhalten. Wir haben uns in einigen Kapiteln für die Anrede „du" (Einzahl), in anderen für „ihr" (Mehrzahl) entschieden.

Bibliografie

Shinohara Isao: Eihei daishingi: Dogen no shudo kihan (Tokyo 1980)

Yuho Yokoi: Regulations for monastic life/Eihei genzenji shingi (Tokyo 1987)

Ichimura Shohei: Zen Master Dogen's Monastic Regulations (Washington 1993)

Taigen Dan Leighton & Shohaku Okumura: Dogen's Pure Standards for the Zen Community (New York 1996)

Anleitung für den Koch (Tenzokyokun)

Von Anfang an gab es in Buddhas Familie sechs Tempelverwalter. Sie alle sind Buddhas Kinder, und gemeinsam verrichten sie Buddhas Arbeit. Unter ihnen hat der Tenzo [Chefkoch] die Aufgabe, sich um die Zubereitung der Speisen für die Gemeinschaft zu kümmern. Das Zen'en Shingi[1] sagt: „Für den Dienst an der Gemeinschaft gibt es den Tenzo." Seit alten Zeiten wurden Meister mit einem Weg suchenden Geist, erhabene Menschen, die ihr Herz erweckt hatten, zu dieser Aufgabe ernannt. Denn ist dies nicht die wesentliche Eigenschaft, mit der man sich fleißig dem Weg widmet? Wenn man nicht den Geist des Weges hat, dann ist all diese harte Arbeit bedeutungslos und nicht segensreich. Das Zen'en Shingi sagt: „Ihr müsst den Geist des Weges einsetzen, indem ihr eine angemessene Vielfalt bei den servierten Speisen anbietet, damit sich die Gemeinschaft zufrieden und wohl fühlt." In alten Zeiten füllten Leute wie Guishan und Dongshan (Shouchu) diese Position aus; zuvor hatten verschiedene bedeutende große Vorfahren in diesem Beruf gearbeitet. Unterscheidet sich der Tenzo also nicht von den üblichen weltlichen und sogar von den kaiserlichen Köchen?

Als dieser Bergmönch [Dogen] im China der Song-Zeit war, habe ich in meiner Freizeit ehemalige Tenzo mit langer

[1] Chin. Chanyuan Qingguei, von Changlu Zongze 1103 zusammengestellt.

Erfahrung befragt, und sie erzählten mir von einigen Beispielen, von denen sie gesehen und gehört hatten. Diese Anleitung ist das Mark, das seit uralten Zeiten von Buddhas und Vorfahren, die den Geist des Weges hatten, vermacht wurde. Zuallererst musst du das Zen'en Shingi gründlich studieren. Danach ist es notwendig, Gespräche über Details der Arbeit von früheren Tenzo zu hören.

So erfüllst du die Aufgabe einen ganzen Tag und eine ganze Nacht lang: Sprich zunächst nach dem Mittagessen mit dem Leiter und seinem Stellvertreter in deren Arbeitszimmer, um die Vorräte für das Frühstück und das Mittagessen des nächsten Tages zu besorgen. Dazu gehören Reis, Grünzeug und andere Dinge. Nachdem du sie erhalten hast, beschütze diese Zutaten sorgfältig, als ob du auf deine eigenen Augen aufpassen würdest. Zen-Meister Baoming Renyong sagte: „Hüte die Tempelgüter, als ob sie deine eigenen Augen wären." Respektiere die Tempelspeisen, als ob sie für den Kaiser wären. Diese Haltung gilt sowohl für rohe als auch für gekochte Speisen.

Danach versammeln sich alle Tempelverwalter in ihren Büros und besprechen, welche Geschmackskombinationen, welches Gemüse und welcher Frühstücksschleim für den nächsten Tag zubereitet werden sollen. Das Zen'en Shingi sagt: „Entscheide über die Zutaten der verschiedenen Gerichte für das Frühstück und das Mittagessen nach Besprechung mit allen Tempelverwaltern." Die sechs Tempelverwalter [roku chiji] sind: der Leiter [tsusu], der stellvertretende Leiter [kansui], der Schatzmeister [fusu], der Aufseher über das Verhalten der Mönche [ino], der Chefkoch [tenzo] und der Arbeitsleiter [shissui]. Nachdem man sich auf die verschiedenen Gerichte geeinigt hat, schreibt man einen Speiseplan und verkündet ihn auf den Tafeln im Zimmer des Abtes und im Studiersaal der Mönche.

Plane dann das Frühstück für den nächsten Morgen. Wähle den Reis aus und bereite das Gemüse selbst mit eigenen Händen zu, während du mit aufrichtigem Eifer genau hinschaust. Du solltest dich nicht um einige Dinge kümmern und andere vernachlässigen oder auch nur einen Moment lang unaufmerksam sein. Verschenke keinen einzigen Tropfen aus dem Ozean der Tugenden; du darfst es nicht versäumen, dem Berg der guten Taten ein einziges Fleckchen hinzuzufügen. Das Zen'en Shingi sagt: „Wenn das Essen ohne die Vorzüglichkeit der sechs Geschmacksrichtungen[2] und ohne die Gabe der drei Tugenden[3] ist, dient der Tenzo nicht der Gemeinschaft." Während du den Reis untersuchst, achte auf Sand; während du den Sand untersuchst, achte auf Reis. Wenn du aus verschiedenen Blickwinkeln genau beobachtest, ohne geistesabwesend zu sein, dann wird das Essen natürlich die drei Tugenden integrieren und die sechs Geschmacksrichtungen einschließen.

Xuefeng war Tenzo, als er bei Dongshan (Liangjie) lernte. Eines Tages, als der Reis gereinigt wurde, fragte Dongshan:

---

[2] Süß, salzig, bitter, sauer, scharf und einfach.

[3] Weich, sauber, in Übereinstimmung mit dem Dharma zubereitet.

„Siebst du den Sand aus dem Reis oder siebst du den Reis aus dem Sand heraus?" Xuefeng sagte: „Ich werfe den Sand und den Reis gleichzeitig hinaus." Dongshan fragte: „Was wird die Gemeinschaft dann essen?" Xuefeng kippte die Schale um. Dongshan sagte: „Später wirst du jemand anderen treffen müssen." Auf diese Weise haben die erhabenen Alten des Weges diese Aufgabe sorgfältig mit ihren eigenen Händen ausgeübt. Als ihre Nachfolger dürfen wir nicht nachlässig sein. Es wurde gesagt, dass für den Tenzo das Hochkrempeln der Ärmel der Geist des Weges ist. Wenn du einen Fehler beim Reinigen von Reis und Sand gemacht hast, korrigiere ihn selbst. Das Zen'en Shingi sagt: „Wenn du das Essen kochst und dich persönlich darum kümmerst, wird es natürlich rein sein. Behalte das weiße Wasser, das beim Waschen des Reises abläuft, und wirf es nicht weg. Seit der Antike nehmen wir einen Beutel und seihen das übrig gebliebene weiße Wasser ab, um es für den Reisschleim zu verwenden. Nachdem du die Zutaten in einem Topf gesammelt hast, musst du diesen vor alten Mäusen schützen, die versehentlich hineinfallen könnten; erlaube auch keinem, der zufällig vorbeikommt, ihn zu untersuchen oder zu berühren.

Hole nach der Zubereitung des Frühstücksgemüses den hölzernen Reisbehälter, die Töpfe und die Utensilien, die beim Mittagessen für den Reis und die Suppe verwendet wurden, und wasche sie sorgfältig sauber. Stelle in der Höhe ab, was in die Höhe gehört, und lege in der Tiefe ab, was in die Tiefe gehört: „Ein hoher Platz ist hoch und ein niedriger

Platz ist niedrig.“ Zangen, Schöpflöffel und andere Utensilien sollen alle gleichbehandelt, mit aufrichtigem Geist betrachtet und mit leichter Hand aufgehoben und abgelegt werden.

Danach stelle die Materialien für das morgige Mittagessen zusammen. Entferne zunächst mit großer Sorgfalt alle Käfer, kleine ungenießbare Bohnen, Reiskleie, Sand und Steine aus dem Reis. Während der Tenzo sowohl den Reis als auch das Gemüse zubereitet, rezitiert der Gehilfe des Tenzo ein Sutra und widmet es Zaogong, dem Schutzgott des Ofens.[4] Als Nächstes wähle die Zutaten für das Suppengrün aus und kümmere dich darum. Kommentiere und bewerte weder die Menge noch die Qualität der Zutaten, die du vom Leiter erhalten hast, sondern bereite sie aufrichtig zu. Vermeide auf jeden Fall emotionale Auseinandersetzungen über die Menge der Zutaten. Den ganzen Tag und die ganze Nacht kommen dir Dinge in den Sinn, und der Geist kümmert sich um sie; sei eins mit ihnen und führe den Weg gewissenhaft weiter.

Bereite vor Mitternacht das Frühstück vor und kümmere dich irgendwann nach Mitternacht um die Zubereitung des Frühstücksbreis. Am nächsten Tag, nach dem Frühstück, wasche die Töpfe, dämpfe den Reis und koche die Suppe. Während der Reis für das Mittagessen einweicht, sollte der Tenzo den Spülbereich nicht verlassen. Um den Reis richtig zu waschen, muss man sorgfältig darauf achten, dass kein einziges

---

[4] Vor der Zubereitung des Mittagessens rezitieren Tenzo und Gehilfe traditionell das Daihi Shin (Großes Mitfühlendes Herz) Dharani.

Korn verschwendet wird. Ein altes Sprichwort besagt: „Wenn du Reis kochst, betrachte den Topf als deinen eigenen Kopf; wenn du Reis wäschst, sei dir bewusst, dass das Wasser dein eigenes Leben ist.“

Sobald der Reis gekocht ist, gib ihn entweder in einen Bambuskorb oder einen Holzbehälter und stelle ihn auf den Tisch für fertige Speisen. Du solltest auch das Gemüse und die Suppe zur gleichen Zeit kochen, während der Reis dampft.

Der Tenzo beobachtet genau, wie der Reis und die Suppe gekocht werden, und lässt die Küchenhilfe oder den Ofenmann die Küchengeräte anordnen.

Neuerdings gibt es in großen Klöstern Reisköche und Suppenköche, aber sie werden immer noch vom Tenzo beaufsichtigt. In früheren Zeiten gab es keine Reis- oder Suppenköche; der Tenzo war der einzige Arbeiter.

Wenn du dich um die Dinge kümmerst, sieh nicht mit deinen gewöhnlichen Augen, empfinde nicht mit deinen gewöhnlichen Gefühlen. Pflücke einen einzigen Grashalm und errichte ein Heiligtum für den Juwelenkönig; betrete ein einziges Atom und drehe das große Rad der Lehre.[5] Selbst wenn du eine Brühe aus grobem Grünzeug kochst, erwecke keine Haltung der Abneigung oder Ablehnung. Selbst wenn du eine hochwertige Cremesuppe kochst, erwecke keine

---

[5] Nach einer Geschichte aus dem Shoyoroku: Der Buddha (Juwelenkönig) meinte bei einem Spaziergang, dort sei ein guter Platz für ein Heiligtum. Daraufhin steckte der Gott Indra einen Grashalm in den Boden und sagte: „Das Heiligtum ist vollendet.“

Haltung der Verzückung oder des Freudentanzes. Wenn du schon keinen Eigensinn hast, wie könntest du dann Abscheu empfinden? Auch wenn du auf minderwertige Zutaten stößt, sei deshalb nicht nachlässig; auch wenn du auf Köstlichkeiten stößt, sei umso sorgfältiger. Ändere niemals deinen Gemütszustand aufgrund der Zutaten. Menschen, die ihre Gesinnung je nach den Zutaten ändern oder ihre Rede an den Status ihres Gegenübers anpassen, sind keine Menschen des Weges.

Wenn du in deiner Absicht entschlossen und aufrichtig bist, wirst du geloben, ein reineres Herz zu haben als die Alten, und sogar die Ältesten an Achtsamkeit zu übertreffen. Die geeignete Art und Weise, den Geist des Weges darauf zu richten, besteht darin, zu beschließen: „Auch wenn die alten Meister drei Münzen bekamen und eine Brühe aus grobem Grünzeug kochten, werde ich jetzt mit denselben drei Münzen eine hochwertige Cremesuppe kochen." Das ist schwer zu bewerkstelligen. Warum ist das so? Der Unterschied zwischen den Alten und den Menschen von heute ist so groß wie der zwischen Himmel und Erde. Wie könnten wir jemals mit ihnen gleichziehen? Wenn wir jedoch diese Aufgabe aufmerksam angehen, können wir die alten Meister definitiv übertreffen. Dieses Prinzip ist eine Gewissheit, die du nur deshalb noch nicht klar verstehst, weil dein Denken wie wilde Pferde umhergaloppiert und deine Gefühle wie Affen im Wald herumhüpfen. Wenn diese Affen und Pferde einmal den Rückzug der inneren Erleuchtung gemacht haben, dann ist es natürlich, dass sie eins werden.[6] Dies ist ein Mittel, mit dem du, obwohl du von den Dingen gewendet wirst, auch die Dinge wenden kannst. Wenn du so harmonisch und rein bist, verliere weder das Auge der Einheit noch das Auge, das die Unterschiede erkennt. Nimm einen Pflanzenstängel, um den sechs Fuß langen Körper des Buddha zu machen; lade den sechs Fuß langen Körper ein, um einen Pflanzenstängel zu machen. Dies ist die himmlische Kraft, die Verwandlungen bewirkt, und das Werk des Buddha, das den Wesen nützt.

Wenn du mit der Zubereitung des Essens vollständig fertig bist, betrachte, was da ist, und lege es hin, wo es hingehört. Wenn die Trommel schlägt oder die Glocke läutet, folge der Gemeinschaft und nimm an der Dharma-Versammlung teil.[7] Versäume nicht ein Mal ein Morgen- oder Abendtreffen.

Wenn du in die Küche zurückkehrst, musst du sofort die Augen schließen und dir klar machen, wie viele Menschen sich in der Mönchshalle befinden; wie viele angesehene Mönche im Ruhestand und andere Mönche mit hohen Positionen sich in Privaträumen aufhalten; wie viele Mönche sich in der Krankenstation, im Wohnheim für ältere Mönche und im Schlafsaal für erholungsbedürftige Mönche aufhalten; wie viele reisende Mönche sich im Gästeschlafsaal befinden; und

---

[6] Jap. taiho hensho oder eko hensho: lernen, sich zurückzuziehen, das Licht nach innen zu wenden; siehe Dogens Fukanzazengi.

[7] Jap. san, Treffen mit dem Lehrer zwecks Unterweisung, zum Teil mit Fragen und Antworten (wie im sanzen des Rinzai-Zen), z. B. shosan im Zimmer des Abtes, daisan in der Dharma-Halle.

wie viele Menschen sich in den Einsiedeleien aufhalten. Rechne auf diese Weise sorgfältig nach, und wenn du die geringste Unsicherheit hast, frage den Ino [Aufseher der Mönche], die Leiter der verschiedenen Klosterabteilungen,[8] die Leiter der verschiedenen Büros und den Obermönch jeder Abteilung. Wenn du deine Fragen über die Anzahl der zu speisenden Personen geklärt hast, bestimme sorgfältig, wie du für jedes Reiskorn, das gegessen wird, ein Reiskorn bereitstellen kannst. Wenn du ein Korn teilst, hast du zwei halbe Körner. Teile es manchmal in ein Drittel oder ein Viertel, eine Hälfte oder zwei Hälften. Wenn du zwei getrennte halbe Reiskörner zusammenlegst, erhältst du ein ganzes Reiskorn. Auch wenn du ein Neuntel gibst, sieh nach, wie viele Teile übrigbleiben; oder, wenn du ein Neuntel zurücknimmst, sieh nach, wie viele Teile sie noch haben.

Wenn die Mönche ein Körnchen Luling-Reis essen können, werden sie Mönch Guishan sehen; und wenn du ein Körnchen Luling-Reis opfern kannst, wirst du den Wasserbüffel sehen. Der Wasserbüffel frisst Mönch Guishan; Mönch Guishan hütet den Wasserbüffel.[9] Habe ich es schon bestimmt oder nicht? Hast du es schon berechnet oder nicht? Nachdem du diese Einzelheiten geprüft und klar erkannt

---

[8] Jap. choshu: Obermönch (shuso), Sekretär (shoki), Bibliothekar (zosu) Bademeister (yokusu), Leiter der Buddha-Halle (chiden), Gästebetreuer (shika).

[9] Im Shoyoroku wird in einer Geschichte der kostbare Reis von Luling als Symbol des Buddha-Dharma benutzt. Guishan spricht in einer anderen Geschichte davon, nach seinem Tod ein Wasserbüffel zu werden.

hast, erkläre es, wenn du eine Gelegenheit siehst, und sprich es aus, wenn du einem Menschen gegenüberstehst. Schließlich darf eine solche Anstrengung mit dem Wesen der Einheit und dem Wesen der Dualität, ob sie nun zwei oder drei Tage dauert, nicht einmal für eine kurze Zeit in Vergessenheit geraten.

Wenn ein Gönner[10] ins Kloster kommt und Geld für Essen anbietet, sollten die Tempelverwalter dies gemeinsam besprechen, wie es in buddhistischen Klöstern üblich ist. Wenn gespendete Materialien verteilt werden sollen, besprechen sie dies ebenfalls gemeinsam. Verletze nicht ihre Autorität und verursache keine Unruhe in ihrer Arbeit.

Nachdem das Mittagessen oder das Frühstück ordnungsgemäß zubereitet und auf den Tisch gestellt wurde, legt der Tenzo die Okesa (Robe) an, faltet das Zagu (Tuch) auseinander, bringt mit Blick auf den Sodo (Meditationshalle) Weihrauch dar und macht neun Niederwerfungen. Dann wird das Essen hinausgeschickt.

Bereite den ganzen Tag und die ganze Nacht hindurch Mittagessen und Frühstück zu, ohne Zeit zu verlieren. Wenn du aufrichtig die Geräte arrangierst und das Essen herrichtest, wird dein gesamtes Verhalten zur Aktivität für die nachhaltige Entwicklung eines Schoßes der Weisen[11]. Den Schritt zurück zu gehen und das Selbst zu transformieren, ist der Weg, um der Gemeinschaft Leichtigkeit zu bringen.

---

[10] Jap. seshu, Laienunterstützer.

[11] Jap. shotai choyo, Praxis nach der Erleuchtung.

Nun haben wir in Japan den Ausdruck Buddha-Dharma schon seit langer Zeit gehört. Aber die Ehrwürdigen haben nicht gelehrt, und die damaligen Menschen haben nicht aufgezeichnet, wie man das Essen der Mönche respektvoll gemäß dem Dharma zubereitet. Nicht einmal im Traum haben sie gesehen, wie man neun Niederwerfungen für das Essen der Mönche macht. Die Menschen in unserem Land denken, dass die Art und Weise, wie die Mönche essen und wie das Essen zubereitet wird, derjenigen von Vögeln und haarigen Tieren gleicht. Wahrlich, das müssen wir tief bedauern. Was für eine Schande!

Als ich im Tiantong-Tempel war, hatte eine Person namens Yong aus der Präfektur Qingyuan das Amt des Tenzo inne. Ich ging zufällig nach dem Mittagessen auf meinem Weg zur Chaoran-Hütte durch den östlichen Korridor, als der Tenzo vor der Buddha-Halle Pilze trocknete. Er trug einen Bambusstock, hatte aber keinen Hut auf dem Kopf. Die Sonne brannte auf das heiße Pflaster, und der Schweiß floss in Strömen und durchnässte ihn, während er entschlossen die Pilze trocknete. Ich sah, dass er sich ein wenig abmühte. Mit seiner wie ein Bogen gekrümmten Wirbelsäule und seinen zotteligen Augenbrauen sah er aus wie ein Kranich.

Ich näherte mich und fragte den Tenzo höflich nach seinem Alter. Er sagte, er sei achtundsechzig. Ich fragte: „Warum lassen Sie das nicht von einem Gehilfen oder einem Laienarbeiter machen?“ Der Tenzo sagte: „Andere sind nicht ich.“ Ich fragte: „Verehrter Herr, Sie sind wirklich engagiert. Die

Sonne ist aber so heiß. Warum machen Sie das ausgerechnet jetzt?" Der Tenzo erwiderte: „Auf welche Zeit soll ich warten?"

Ich habe mich sofort zurückgezogen. Als ich wegging, dachte ich darüber nach und wusste es sehr zu schätzen, dass diese Arbeit die wesentliche Funktion ausdrückt.

Ein anderes Mal, im fünften Monat des sechzehnten Jahres der Katei-Periode [Juni oder Juli 1223], war ich auf meinem Schiff in Qingyuan. Während ich mit dem japanischen Kapitän sprach, kam ein alter Mönch herbei, der wie etwa sechzig Jahre alt aussah. Er kam direkt auf das Schiff und fragte einen von der Mannschaft, ob er japanische Shiitake-Pilze kaufen könne. Ich lud ihn zu einer Tasse Tee ein und fragte ihn, wo er wohne. Er war der Tenzo des Klosters am Ayuwang-Berg. Er sagte: „Ich komme aus dem westlichen Teil von Sichuan und habe meine Heimat vor vierzig Jahren verlassen. Dieses Jahr werde ich einundsechzig Jahre alt. Ich habe Zeit in vielen Klöstern in verschiedenen Regionen verbracht. In den letzten Jahren hielt ich mich bei Guyun Daoquan[12] auf. Dann ging ich ins Ayuwang-Kloster, wo ich sehr beschäftigt war. Letztes Jahr, nach dem Ende der Sommer-Übungsperiode, wurde ich zum Tenzo des Tempels ernannt. Morgen ist die Feier des fünften Tages, und ich habe kein besonderes Essen, das ich servieren könnte. Ich möchte Nudelsuppe kochen, aber ich habe keine Pilze. Deshalb bin ich hierhergekommen, um

---

[12] Enkelschüler des bekannten Dahui.

Shiitake zu kaufen und später den Mönchen aus den zehn Richtungen anzubieten."

Ich fragte ihn: „Um wie viel Uhr seid Ihr von dort losgezogen?" Der Tenzo sagte: „Nach dem Mittagessen." Ich fragte: „Wie weit ist Ayuwang von hier entfernt?" Der Tenzo sagte: „Vierunddreißig oder fünfunddreißig li (ca. 12 Meilen)." Ich fragte: „Wann werdet Ihr zum Tempel zurückkehren?" Der Tenzo sagte: „Sobald ich mit dem Kauf der Pilze fertig bin, werde ich gehen." Ich meinte: „Heute haben wir uns unerwartet getroffen und ein Gespräch auf diesem Schiff geführt. Ist das nicht eine wahrhaft glückliche Gelegenheit? Erlaubt mir, Euch Essen anzubieten, Tenzo Zenji." Der Tenzo sagte: „Das ist nicht möglich. Wenn ich mich nicht um die morgige Gabe kümmere, wird sie schlecht hergerichtet werden." Ich fragte: „Gibt es in Ihrem Tempel nicht einige Arbeiter, die genauso wie Ihr die Mahlzeiten zubereiten können? Wenn nur eine Person, der Tenzo, nicht da ist, wird dann irgendetwas mangelhaft sein?" Der Tenzo antwortete: „Trotz meines hohen Alters übernehme ich diese Aufgabe, also praktiziere ich mit ganzem Herzen. Wie könnte ich meine Verantwortung einfach abgeben? Als ich hierher kam, habe ich auch nicht um Erlaubnis gebeten, über Nacht wegzubleiben."

Dann fragte ich den Tenzo: „Ehrwürdiger Tenzo, warum beschäftigt Ihr Euch in Euren fortgeschrittenen Jahren nicht von ganzem Herzen mit dem Weg[13] des Zazen oder vertieft

---

[13] Jap. bendo, sich mit ganzem Herzen auf den Weg einlassen.

Euch in die Worte und Sätze[14] der alten Meister, anstatt Euch damit abzumühen, Tenzo zu sein und nur zu arbeiten. Wozu ist das gut?"

Der Tenzo lachte laut und sagte: „Oh, guter Freund aus einem fremden Land, du hast noch nicht verstanden, dich mit ganzem Herzen auf den Weg einzulassen, und du weißt noch nicht, was Worte und Sätze sind."

Als ich das hörte, war ich plötzlich beschämt und fassungslos und fragte ihn: „Was sind Worte und Sätze? Was heißt es, sich mit ganzem Herzen für den Weg einzusetzen?"

Der Tenzo erwiderte: „Wenn du über diese Frage nicht stolperst, bist du wirklich ein wahrer Mensch."

Damals konnte ich das nicht begreifen. Der Tenzo sagte: „Wenn du es noch nicht ganz verstanden hast, komm irgendwann später zum Berg Ayuwang. Wir werden einen vollständigen Dialog über das Prinzip von Worten und Sätzen führen." Nachdem er das gesagt hatte, stand der Tenzo auf und meinte: „Es wird dunkel, ich gehe jetzt." Dann kehrte er in sein Kloster zurück.

Im siebten Monat desselben Jahres ruhte ich meinen Mönchsstab im Tiantong-Kloster aus. Zu dieser Zeit kam dieser Tenzo zu mir und sagte: „Nachdem die Sommer-Übungsperiode vorbei war, habe ich mich in mein Heimatdorf zurückgezogen. Ich habe zufällig von meinem Kloster erfahren, dass du hier bist. Wie konnte ich dich da nicht besuchen?"

---

[14] Jap. wato, eigentlich die Konzentration auf Koan im Rinzai-Zen.

Ich war zutiefst berührt und überglücklich, ihn willkommen zu heißen, und während unseres Gesprächs brachte ich die Themen zur Sprache, die wir zuvor auf dem Schiff in Bezug auf Worte und Sätze und die aufrichtige Beschäftigung mit dem Weg erwähnt hatten. Der Tenzo sagte: „Menschen, die Worte und Sätze studieren, sollten die Bedeutung von Worten und Sätzen kennen. Menschen, die sich mit ganzem Herzen der Praxis widmen, müssen die Bedeutung des Weges bekräftigen".

Ich fragte: „Was sind Wörter und Sätze?" Der Tenzo sagte: „Eins, zwei, drei, vier, fünf."

Ich fragte auch: „Was bedeutet es, sich mit ganzem Herzen für den Weg einzusetzen?" Der Tenzo sagte: „In der ganzen Welt ist er niemals verborgen."

Obwohl wir viele Themen besprochen haben, werde ich den Rest jetzt nicht aufzeichnen. Für alles, was ich an Worten und Sätzen kenne, oder insofern ich ein wenig verstehe, wie man sich mit ganzem Herzen auf den Weg einlässt, bin ich der Freundlichkeit dieses Tenzo dankbar. Ich erzählte damals meinem inzwischen verstorbenen Lehrer Myozen von diesem Gespräch. Er war erfreut, davon zu hören. Später sah ich einen Vers, den Xuedou für einen Mönch geschrieben hatte und der lautet:

„Ein Zeichen, drei Zeichen, fünf und sieben Zeichen: Nachdem ich die zehntausend Dinge gründlich untersucht habe, hat keines davon eine Grundlage. Um

> Mitternacht geht der weiße Mond im dunklen Ozean unter. Auf der Suche nach der Perle des schwarzen Drachens werdet ihr feststellen, dass es viele von ihnen gibt."

Das, was dieser Tenzo in früheren Jahren gesagt hat, und das, was Xuedou ausgedrückt hat, stimmt natürlich überein. Mehr und mehr wird mir klar, dass dieser Tenzo ein wahrer Mensch des Weges war. Dementsprechend ist das, was ich früher an Worten und Sätzen gesehen habe: eins, zwei, drei, vier, fünf. Heute ist das, was ich an Wörtern und Sätzen sehe, auch: sechs, sieben, acht, neun, zehn.

Sieh dieses[15] vollständig in jenem[16], sieh jenes vollständig in diesem. Wenn du dich so anstrengst, kannst du das Zen des Einen Geschmacks durch Worte und Sätze vollständig begreifen. Wenn du das nicht tust, wirst du vom Gift der verschiedenen Arten des Zen mit fünf Geschmacksrichtungen beeinflusst, und deine Zubereitung der Mönchsnahrung wird nicht angemessen sein. Sicherlich gibt es alte Geschichten zu hören und aktuelle Beispiele zu sehen, die mit dieser Aufgabe zu tun haben. Es gibt Worte und Sätze und Prinzipien, die man befolgen muss. Sollte man diese Arbeit nicht als den wahren Kern bezeichnen? Selbst wenn du die Ehre hast, zum Abt ernannt zu werden, musst du dieselbe geistige Einstellung haben. Das Zen'en Shingi sagt: „Das Essen, das

---

[15] Jap. shato, konkrete Phänomene.

[16] Jap. nato, gegenseitige Bedingtheit.

zum Frühstück und zum Mittagessen gekocht wird, sollte raffiniert und reichhaltig sein. An den vier Gaben für die Mönche sollte es keinen Mangel geben. Der Weltgeehrte hinterließ in seinem Mitgefühl zwanzig Jahre, um seine Nachkommen zu schützen.[17] Das Verdienst und die Tugend eines Lichtstrahls aus dem weißen Haar auf seiner Stirn wird empfangen und genutzt, ohne sich zu erschöpfen." Deshalb: „Diene einfach der Gemeinschaft und sorge dich nicht um Armut. Wenn du kein begrenztes Herz hast, wirst du grenzenlosen Reichtum besitzen." Offensichtlich ist es die entscheidende Einstellung des Abtes, der Gemeinschaft auf diese Weise zu dienen.

Was die Haltung bei der Zubereitung von Speisen betrifft, so ist es wichtig, einen aufrichtigen und respektvollen Geist zu entwickeln, ohne über die Feinheit oder Grobheit der Zutaten zu urteilen. Hast du nicht gehört, dass eine alte Frau, indem sie Buddha eine Schale mit weißem Reiswasser darbrachte, während ihres Lebens wundersame Verdienste erlangte; und dass König Ashoka, indem er eine halbe Mangofrucht einem Tempel schenkte,[18] seinen letzten großen Akt der Nächstenliebe vollbringen konnte und dadurch die Vorhersage der Buddhaschaft erhielt und dieses großartige Ergebnis genießen konnte? Obwohl sie eine Beziehung zu Buddha

---

[17] Da der Buddha auf zwanzig Jahre seiner angedachten Lebenszeit von einhundert verzichtet haben soll, sei den Nachkommen daraus ein materieller Vorteil entstanden.

[18] Ashoka war mit seinen Spenden so verschwenderisch, dass er zuletzt nur noch eine angebissene Mango geben konnte.

schaffen, sind Spenden, die reichlich, aber ohne Herz sind, nicht so gut wie kleine, aber aufrichtige. Das ist die Praxis eines wahren Menschen.

Das Kochen von so genannten reichen, cremigen Speisen ist nicht unbedingt besser, das Kochen von einfacher Gemüsesuppe ist nicht unbedingt schlechter. Wenn du einfaches Gemüse zubereiten sollst, musst du es genauso behandeln wie reichhaltige, cremige Speisen, mit geradem Geist, aufrichtigem Geist und reinem Geist. Der Grund dafür ist, dass man, wenn man in der reinen großen Ozean-Gemeinschaft des Buddha-Dharma zusammenkommt, weder den Geschmack von reichhaltigem, cremigem Essen noch den von einfachem Gemüse erkennt, sondern nur den Geschmack des einen großen Ozeans. Wenn es darum geht, die Knospen des Weges zu entwickeln und den Schoß der Weisen zu nähren, sind reiche Sahne und einfaches Gemüse dasselbe und nicht verschieden. Es gibt ein altes Sprichwort, das besagt, dass der Mund eines Mönchs wie ein Ofen ist. Das sollten wir verstehen. Denk darüber nach, dass einfaches Gemüse den Schoß der Weisen nähren und die Knospen des Weges entwickeln kann. Betrachte sie nicht als niedrig oder wertlos. Ein führender Lehrer der Menschen und himmlischen Wesen versorgt sie mit einfachem Gemüse.

Man sollte auch die versammelten Mönche nicht als gut oder schlecht ansehen oder sie als älter oder jünger betrachten. Nicht einmal das Selbst weiß, wo sich das Selbst niederlassen wird; wie könnten andere bestimmen, wo andere sich niederlassen werden? Wie könnte es nicht falsch sein, die Fehler der anderen mit unseren eigenen Fehlern zu vergleichen? Obwohl es einen Unterschied zwischen dem Älteren und dem Jüngeren und dem Weisen und dem Dummen gibt, sind sie als Mitglieder der Sangha gleich. Außerdem kann das, was in der Vergangenheit falsch war, in der Gegenwart richtig sein, wer könnte also den Weisen vom einfachen Menschen unterscheiden? Das Zen'en Shingi sagt: „Ohne Unterscheidung von Weisen oder Gewöhnlichen treffen sich die Mönche in allen zehn Richtungen." Wenn du den Geist hast, nicht alles in richtig und falsch einzuteilen, wie könntest du dann nicht den Weg gehen, der direkt zum unübertroffenen Bodhi (Erwachen) führt? Wenn du einen falschen Schritt machst, wirst du stolpern, sobald du dem ins Auge blickst, was vor dir liegt. Die Knochen und das Mark der Alten sind vollständig dort zu finden, wo diese Art von ständiger Anstrengung unternommen wird. In späteren Zeitaltern werden auch alle Mitübenden es zum ersten Mal erfahren, indem sie diese Anstrengung unternehmen. Könnten die Vorschriften des Hohen Vorfahren[19] Baizhang vergeblich gewesen sein?[20]

Nachdem ich in dieses Land zurückgekehrt war, blieb ich für einige Jahre im Kloster Kenninji. Dieser Tempel gab jemandem die Position des Tenzo nur dem Namen nach, ohne dass er sie wirklich ausübte. Er erkannte noch nicht, dass dies

---

[19] Jap. koso.

[20] Baizhang soll die ersten Klosterregeln im Zen verfasst haben, die aber nicht mehr erhalten sind; sie sollen ins Zen'en Shingi eingeflossen sein.

das Werk Buddhas war. Wie hätte er den Weg verstehen und einhalten können? Wir müssen aufrichtig Mitleid mit jenen haben, die niemals einen wahren Menschen treffen und rücksichtslos das rechte Verhalten auf dem Weg zerstören. Ich sah, dass dieser Mönch nicht ein einziges Mal das Frühstück und das Mittagessen beaufsichtigte. Er vertraute es einem Gehilfen ohne Verstand und Gefühl an und befahl ihm, sich um alle Angelegenheiten zu kümmern, ob groß oder klein. Der Tenzo ging nie hin, um zu sehen, ob die Dinge richtig gemacht wurden oder nicht. Es war, als wäre eine Frau nebenan, und wenn er sie besuchen würde, wäre das eine Schande oder ein Fehler.

Er bewohnte ein Dienstzimmer, hielt manchmal ein Nickerchen, manchmal hatte er ein Gespräch, manchmal las er Sutren, und manchmal rezitierte er, viele Monate lang, ohne auch nur einen Topf anzufassen. Er kaufte auch nicht die Utensilien und überlegte sich nicht die verschiedenen Speisen. Wie hätte er seine Aufgabe kennen können? Unnötig zu sagen, dass er nicht einmal im Traum an die zwei täglichen Anlässe für die neun Niederwerfungen gedacht hatte. Als es an der Zeit war, Novizen auszubilden, hatte er keine Ahnung. Wie erbärmlich und traurig! Er war ein Mensch ohne den Weg suchenden Geist, der selbst nie die Gelegenheit hatte, jemanden mit der Tugend des Weges zu sehen. Obwohl er den Juwelenberg betreten hatte, war er mit leeren Händen zurückgekehrt; obwohl er im Juwelenozean angelangt war, kam er mit einem wertlosen Körper zurück. Ihr solltet wissen, dass er den Weg hätte praktizieren können, wenn er ein Beispiel für die ursprüngliche Person getroffen hätte, selbst wenn er nie den wahren Geist erweckt hatte. Obwohl er nie einen wahren Menschen getroffen hatte, hätte er aber, wenn er seinen Geist tief erweckt hätte, auf die Praxis des Weges stoßen können. Da beides fehlte, wie hätte es da einen Nutzen geben können?

Als ich die Menschen beobachtete, die sich ein Jahr lang den Aufgaben von Tempelverwaltern oder Leitern klösterlicher Abteilungen in den verschiedenen Tempeln des Song-China widmeten, behielt jeder von ihnen die drei wesentlichen Haltungen eines Abtes bei, wann immer er seine Arbeit verrichtete, und ermutigte sich selbst, sich bei seinen Aufgaben zu bemühen: Anderen nutzen, was gleichzeitig dem eigenen Selbst reichlich Nutzen bringt.

Lass das Kloster gedeihen und erneuere seine hohen Standards. Strebe danach, Schulter an Schulter zu stehen und respektvoll in die Fußstapfen unserer Vorgänger zu treten. Wisse genau, dass es Narren gibt, die sich selbst genauso gleichgültig behandeln wie andere, und ehrenhafte Menschen, die andere wie sich selbst betrachten.

Ein alter Mann sagte:

„Zwei Drittel eines Lebens sind schnell vergangen.
An der geistigen Grundlage
  ist kein einziger Fleck bereinigt worden.

Während man dem Leben frönt,
vergeht Tag für Tag wie im Flug.
Wenn man dich ruft und du dich nicht umdrehst,
was kann man da machen?“[21]

Du solltest wissen, dass du von menschlichen Emotionen überwältigt wirst, wenn du noch kein leuchtendes Beispiel getroffen hast. Wir müssen das törichte Kind bemitleiden, das das von seinem reichen Vater vererbte Vermögen annahm und vor den Augen der anderen nutzlos arbeitete, um Dreck und Exkremente auszugraben.[22] Wie könnten wir nun so sein? Wertschätze, dass die Menschen des Weges, die diese Arbeit zuvor getan haben, ihr Verhalten und ihre Tugend in natürlichen Einklang brachten. Die Verwirklichung des Weges durch den großen Guishan geschah, als er Tenzo war. Dongshans Antwort, „Drei Pfund Sesam“[23], geschah auch, als er Tenzo war. Wenn du etwas wertschätzt, dann bitte die Verwirklichung des Weges. Wenn du irgendeine Zeit schätzt, dann bitte die der Verwirklichung des Weges. Was von der Versenkung in den Weg übrig bleibt, strahlt sogar beim Darbringen von Sand wie von einem Schatz aus. Wir sehen, dass es oft eine Resonanz gibt, wenn man die Gestalt Buddhas nachahmt und Niederwerfungen macht. Mehr noch, diese

---

[21] Gedicht von Xuefeng.

[22] Siehe die Geschichte vom verlorenen Sohn im Lotussutra.

[23] Eine Antwort in Fall 12 des Hekiganroku auf die Frage „Was ist Buddha?“. Statt Sesam wird auch Flachs übersetzt.

Arbeit ist die gleiche und hat immer noch den gleichen Namen wie das, was die Vorfahren taten. Wenn man diese Einstellung zu dieser Tätigkeit vermitteln kann, wie könnte sich dann die Eleganz dieses Weges nicht manifestieren?

Bei allen Gelegenheiten, bei denen die Tempelverwalter, die Leiter der klösterlichen Abteilungen und die Tenzo mit ihrer Arbeit beschäftigt sind, sollten sie einen freudigen Geist, einen nährenden (großmütterlichen) Geist und einen großmütigen Geist bewahren. Was ich freudigen Geist nenne, ist das glückliche Herz. Du musst darüber nachdenken, dass du, wenn du im Himmel geboren würdest, dich an die unendliche Glückseligkeit klammern und keinen Weg suchenden Geist entwickeln würdest. Das wäre für die Praxis nicht förderlich. Außerdem, wie könntest du Nahrung zubereiten, um sie den drei Juwelen (Buddha, Dharma, Sangha) darzubringen? Unter den zehntausend Dharmas sind die drei Juwelen die am meisten geehrten. Am vortrefflichsten sind diese drei Juwelen. Weder der Herr des Himmels (Indra) noch der Rad drehende König (Chakravartin) können sich mit ihnen vergleichen. Das Zen'en Shingi sagt: „Von der Gesellschaft respektiert, obwohl friedlich von ihr getrennt, ist die Sangha am reinsten und unverfälschtesten." Nun habe ich das Glück, als Mensch geboren zu werden und Nahrung zuzubereiten, die von den drei Juwelen empfangen wird. Ist das nicht eine große karmische Affinität? Wir müssen darüber sehr glücklich sein.

Bedenke außerdem, dass du, wenn du in den Bereichen der Hölle, der hungrigen Geister, der Tiere, der kämpfenden Götter oder in anderen der acht schwierigen Geburten geboren würdest, selbst wenn du in der Sangha Zuflucht suchtest, niemals in der Lage wärest, reine Nahrung zuzubereiten, um sie den drei Schätzen darzubringen. Wegen des Leidens unter diesen schmerzhaften Umständen wären dein Körper und dein Geist gefesselt. Aber in diesem Leben hast du das Kochen bereits getan, also solltest du dieses Leben und diesen Körper genießen, die das Ergebnis von unendlich vielen Jahren würdiger Aktivität sind. Dieses Verdienst kann niemals verblassen.

Du solltest diese Arbeit mit dem Gelübde durchführen, eintausend oder zehntausend Leben an einem Tag oder in einer Zeitspanne einzubeziehen. Das wird dir erlauben, dich mit diesen tugendhaften karmischen Ursachen für zehn Millionen Leben zu vereinen. Der Geist, der ein solches Glück vollständig kontempliert hat, ist ein freudiger Geist. Wahrlich, selbst wenn du ein tugendhafter König wirst, der ein Rad dreht, aber keine Nahrung zubereitet, um sie den drei Schätzen darzubringen, hat das keinen Nutzen. Es wäre nur wie ein Spritzer Wasser, eine Luftblase oder eine flackernde Flamme.

Was den nährenden Geist betrifft, so ist es der Geist von Müttern und Vätern. Sie denken zum Beispiel an die drei Schätze wie eine Mutter und ein Vater an ihr einziges Kind. Selbst verarmte, mittellose Menschen lieben ihr einziges Kind innig und ziehen es groß. Was für eine Art von Entschlossenheit ist das? Andere Menschen können das erst erkennen, wenn sie selbst Mütter und Väter sind. Die Eltern kümmern sich ernsthaft um die Entwicklung ihres Kindes, ohne Rücksicht auf ihren eigenen Reichtum oder ihre Armut. Sie kümmern sich nicht darum, ob ihnen kalt oder heiß ist, sondern geben ihrem Kind Deckung oder Schatten. In der Rücksichtnahme der Eltern liegt diese Intensität. Menschen, die diesen Geist erweckt haben, können ihn gut verstehen. Nur Menschen, die mit diesem Geist vertraut sind, sind wirklich zu ihm erwacht. Sollte darum nicht jeder, der um Wasser und Getreide besorgt ist, die Zuneigung und Freundlichkeit bewahren, Kinder zu ernähren?

Der große Lehrer Shakyamuni verzichtete sogar auf zwanzig Jahre der einem Buddha zustehenden Lebensspanne, um uns alle in diesen späteren Zeiten zu schützen. Was war seine Absicht? Es war einfach, den elterlichen Geist zu vermitteln. Tathagatas können sich niemals Belohnungen oder Reichtümer wünschen.

Was den so genannten großmütigen Geist betrifft, so ist dieser Geist wie die großen Berge oder wie der große Ozean; er ist nicht voreingenommen oder streitsüchtig. Wenn du ein halbes Pfund trägst, nimm es nicht auf die leichte Schulter; vierzig Pfund zu heben sollte dir nicht schwer erscheinen. Obwohl du von den Stimmen des Frühlings angezogen wirst, wandere nicht über Frühlingswiesen; wenn du die Herbstfarben siehst, lass dein Herz nicht sinken. Die vier Jahreszeiten wirken in einer einzigen Szene zusammen; betrachte das Leichte und das Schwere mit einem einzigen Auge. Bei dieser einzigen Gelegenheit musst du das Wort „großmütig" schreiben. Du musst das Wort „großmütig" kennen. Du musst das Wort „großmütig" lernen.

Wenn der Tenzo des Jiashan-Klosters das Wort „großmütig" nicht studiert hätte, hätte er Taiyuan nicht mit einem spontanen Lachen gerettet. Wenn Zen-Meister Guishan das Wort „großmütig" nicht geschrieben hätte, hätte er nicht einen Stock Brennholz nehmen und drei Mal darauf blasen können.[24] Wenn der ehrwürdige Dongshan das Wort „großmütig" nicht gekannt hätte, hätte er nicht „drei Pfund Sesam" ergriffen, um sie einem Mönch zu demonstrieren. Ihr solltet wissen, dass alle früheren großen Mentoren das Wort „großmütig" studiert haben und jetzt frei den großen Klang erzeugen, die große Bedeutung erklären, die große Sache klären, eine große Person anleiten und diese eine große Ursache für das Erscheinen von Buddhas in der Welt erfüllen. Wie könnten Äbte, Tempelverwalter, Leiter von Klosterabteilungen und Mönche jemals diese drei Arten von Geist vergessen?

Geschrieben im Frühling des dritten Jahres von Katei (Jiading) [1237], um spätere weise Menschen, die den Weg studieren, zu unterweisen. Geschrieben von Mönch Dogen, der den Weg weitergibt, Abt des Kannon Dori Kosho Horin Zenji-Tempels.

---

[24] Siehe Keitoku Dentoroku, Kap. 6.

Modell für das Praktizieren auf dem Weg (Bendoho)

Verfasst im Daibutsuji[25]

Alle Buddhas und alle Vorfahren sind innerhalb des Weges und praktizieren darin; ohne den Weg würden sie sich nicht üben. Der Dharma existiert und sie erscheinen; ohne den Dharma erscheinen sie nicht. Deshalb, wenn die Sangha sitzt, sitze zusammen mit ihr; wenn die Sangha sich allmählich hinlegt, lege dich auch hin. In Aktivität und Stille eins mit der Gemeinschaft, durch Tod und Wiedergeburt hindurch trenne dich nicht vom Kloster. Herauszustechen hat keinen Nutzen; sich von anderen zu unterscheiden ist nicht unser Verhalten. Dies ist die Haut, das Fleisch, die Knochen und das Mark der Buddhas und der Vorfahren, und auch der eigene Körper und der eigene Geist, die abgefallen sind. Deshalb ist das Einlassen auf den Weg die Praxis-Erleuchtung[26] vor dem leeren Kalpa[27], also kümmere dich nicht um deine Verwirklichung. Es ist das Koan vor den Werturteilen, also warte nicht auf das große Erwachen.

Für das abendliche Zazen ziehst du, wenn du die Glocke hörst, deine Okesa an, betrittst die Halle der Mönche, setzt dich auf deinen Platz und machst Zazen. Der Abt sitzt auf dem Abtstuhl mit Blick auf die Statue von Manjushri und

---

[25] Der von Dogen 1244 begründete Tempel, den er 1246 in Eiheiji umbenannte.

[26] Jap. shusho.

[27] Das leere Kalpa ist die Zeit vor der Erschaffung des Universums.

macht Zazen, der Obermönch sitzt am äußeren Rand der Sitzplattform[28] und macht Zazen, und die anderen Mönche sitzen mit dem Gesicht zur Wand und machen Zazen. Während der Abt Zazen macht, ist hinter einem Paravent an der Rückseite seines Stuhls eine Bank aufgestellt, auf der entweder ein Jisha oder ein Anja[29] dem Abt zur Seite stehen kann.

Wenn es Zeit für Zazen ist, betritt der Abt die Halle von der Nordseite des Vordereingangs und geht vor Manjushri, verbeugt sich[30] und bringt Weihrauch dar. Nachdem er Manjushri begrüßt hat, umrundet der Abt die Halle ein Mal mit den Händen in Shashu[31], kehrt zurück und verbeugt sich vor Manjushri, geht zum Stuhl des Abtes und verbeugt sich vor ihm, dreht sich um und verbeugt sich erneut vor Manjushri, klemmt die Ärmel seines Gewandes unter die Arme, setzt sich auf den erhöhten Stuhl, zieht seine Pantoffeln aus, faltet seine Beine und setzt sich mit gekreuzten Beinen hin. Jisha und Anja bleiben im Eingang auf der Südseite stehen und begleiten den Abt während der Umrundung nicht. Nachdem der Abt auf seinem Stuhl Platz genommen hat, verbeugen sich der Jisha und der Anja vor Manjushri und setzen sich

[28] Er blickt in die Mitte der Meditationshalle.

[29] Anja ist ein persönlicher Assistent, Jisha ein eher für zeremonielle und administrative Aufgaben zuständiger Assistent des Abtes.

[30] Im Stehen mit zusammengelegten Handflächen (monjin).

[31] Ursprünglich wurden die Hände dabei flach gegen die Brust gehalten, mit verschränkten Daumen; später bedeckte die rechte Hand die linke, die zur Faust geballt war (auch isshu genannt).

still auf die Bank hinter dem Stuhl. Der Jisha oder Anja bewahrt das Räuchergefäß des Abtes auf.

Wenn der Abt in der Mönchshalle schläft, wird eine Schlafbank zwischen dem Shuso und dem Stuhl des Abtes aufgestellt. Wenn es Zeit zum Aufwachen ist, kehrt der Abt zu seinem Stuhl zurück und macht Zazen. Während des morgendlichen Zazen ist es die Regel, dass die Mönche ihre Okesa nicht tragen. Die Okesa des Abtes wird über seinen Stuhl gehängt. Wenn das abendliche Zazen enden soll, wird während der zweiten oder dritten Wache, je nach Anweisung des Abtes, entweder zum ersten, zweiten oder dritten Teil das Han (Holzbrett) erklingen. Wenn das Han aufhört zu klingen, machen die Mönche Gassho (Verbeugung), falten ihre Okesa, wickeln sie in Tücher und legen sie in den Schrank. Der Abt entfernt seine Okesa nicht, sondern steht vom Stuhl auf, geht vor Manjushri, verbeugt sich und verlässt den Raum durch die nördliche Eingangstür. Jisha und die Anja gehen zuerst und bleiben vor der Halle der Mönche stehen, um respektvoll auf den Abt zu warten.

Einer von ihnen hebt den Vorhang im Eingangsbereich an, um dem Abt beim Verlassen zu helfen. Sie tun dies auch, wenn der Abt die Halle betritt. Wenn der Abt in der Halle schläft, bleiben ein oder zwei Anja auf der Bank hinter dem Stuhl des Abtes, und ein oder zwei Jisha schlafen auf dem nächsten Platz hinter Manjushris Jisha oder neben den Sitzen der neuen Mönche in der äußeren Halle.

Nach dem Entfernen der Okesa setzen die Mönche Zazen für eine Weile fort. Langsam und bedächtig rollen sie ihre Steppdecken aus, legen ihre Kissen hin und legen sich nieder, wenn die anderen es tun. Bleib nicht sitzen und schau dich nicht in der Sangha um, wenn die anderen Mönche es nicht tun. Verlasse nicht willkürlich deinen Platz und gehe nicht dorthin, wo du nicht hingehörst. Einfach mit der Gemeinschaft mitzugehen und sich hinzulegen ist die richtige Art und Weise.

Das „Sutra der dreitausend Haltungen" besagt, dass es fünf Arten gibt, sich hinzulegen. Die erste ist, den Kopf in Richtung des Buddha zu halten. Die zweite ist, den Buddha nicht anzuschauen, während man sich hinlegt. Die dritte ist, die Beine nicht zusammen auszustrecken. Die vierte ist, sich nicht auf den Rücken oder auf den Bauch zu legen. Die fünfte ist, die Knie nicht anzuheben. Schlafe auf jeden Fall auf der rechten Seite liegend und nicht auf der linken Seite. Wenn du dich hinlegst, sollte dein Kopf in Richtung Buddha zeigen. In der Mönchshalle sind unsere Köpfe zu Manjushri hin ausgerichtet. Schlaf nicht auf dem Bauch liegend. Heb nicht beide Knie, während du auf dem Rücken liegst. Schlaf nicht auf dem Rücken mit gekreuzten Beinen. Strecke die Beine nicht zusammen aus. Schlafe, ohne dein Gewand auszuziehen.[32] Sei nicht schamlos nackt, wie es die Menschen von außerhalb

[32] Zunächst war das chinesische Gewand unter der Robe zweiteilig (sankun), ab dem 12. Jh. wurde es einteilig (jikitotsu).

tun. Schlafe nicht mit offenem Gürtel. Wenn du dich nachts hinlegst, denke an die Helligkeit.

Gegen Ende der Nacht, wenn der Klang der Han vor dem Dienstzimmer des Obermönchs ertönt, versammelt sich die Gemeinschaft. Stehe sanft auf und erhebe dich nicht überstürzt. Bleibe nicht dösend liegen, das ist unhöflich der Sangha gegenüber. Nimm dein Kissen und lege es leise und geräuschlos vor dem Schrank zusammen. Achte darauf, dass du die Leute auf den benachbarten Plätzen nicht störst.

Bleibe eine Weile an deinem Platz, bedecke dich mit deiner Bettdecke und mache Zazen auf deinem Zafu (Sitzkissen). Vermeide es strikt, deine Augen zu schließen, denn das führt zu Schläfrigkeit. Wenn du deine Augen immer wieder öffnest, also deine Lider flattern lässt, wird eine leichte Brise in sie eindringen, und du wirst leicht aus deiner Trägheit geweckt werden. Vergiss nie, dass das Vergehen schnell geschieht und du das Verhalten auf dem Weg noch nicht geklärt hast. Lenke die Sangha nicht ab, indem du dich streckst, gähnst, seufzt oder dir Luft zufächelst. Erwecke im Allgemeinen immer Respekt für die Sangha. Verachte oder verspotte niemals die große Gemeinschaft. Bedecke deinen Kopf nicht mit deiner Bettdecke. Wenn du dir der Schläfrigkeit bewusst wirst, ziehe die Bettdecke weg und mache mit einem beschwingten Körper Zazen.

Wenn du eine Gelegenheit wahrnimmst, gehe zu den Waschräumen und wasche dein Gesicht. Eine Gelegenheit bedeutet, dass die Waschräume nicht überfüllt sind mit anderen Mönchen, die ihr Gesicht waschen. Trage das Shukin[33], das über deinem linken Unterarm hängt, mit beiden Enden entweder zu dir hin oder von dir weg. Lass dich leicht von deinem Sitz herab, gehe sanft auf einem passenden Weg zum Hintereingang, ziehe mit beiden Händen leise den Vorhang beiseite und trete ein.

Befindet sich dein Platz auf der oberen [nördlichen] Seite der Halle, verlasse diese am nördlichen Hintereingang, indem du zuerst mit dem rechten Fuß hinausgehst. Wenn dein Platz im unteren Teil ist, verlasse ihn von der Südseite, indem du zuerst mit dem linken Fuß hinausgehst. Mache keine Geräusche, indem du mit den Hausschuhen schlurfst oder auf den Boden stampfst. Wenn du auf dem Weg zu den Waschräumen durch den hinteren Gang und den Brunnenschuppen jemanden triffst, sprecht nicht miteinander. Selbst wenn du niemanden triffst, wie könntest du es wagen, zu singen oder zu rezitieren? Lass die Hände nicht aus den Ärmeln fallen, sondern halte sie im Shashu hoch und gehe so voran. Wenn du im Bereich des Waschbeckens ankommst, warte auf einen Platz. Dränge die anderen Mönche nicht zur Seite. Wenn du einen Platz bekommst, dann wasche dein Gesicht.

Die Art und Weise, wie du dein Gesicht wäschst, ist folgende: Hänge das Shukin um deinen Hals, wobei beide Enden vor dir herunterhängen, dann greife mit jeder Hand ein Ende, lege sie unter die linke und rechte Achselhöhle und

---

[33] Ein weißes oder graues Stück Stoff, mit dem die langen Ärmel der Robe vor dem Waschen hochgebunden werden.

kreuze beide Enden hinter dir übereinander. Bringe sie wieder unter beiden Achseln zu Ihrer Vorderseite und binde sie vor deiner Brust fest. Dein ganzer Kragen und beide Ärmel sind oberhalb der Ellbogen und unterhalb der Schultern wie mit einer Gewandschnur[34] fest verschnürt. Als nächstes hältst du deinen Zahnstocher[35], machst Gassho, und sagst:

„Den Zahnstocher haltend,
gelobe ich mit allen Wesen,
dass unser Geist das wahre Dharma erlangen und
auf natürliche Art rein und unbefleckt sein wird."

Dann kaue auf dem Zahnstocher und rezitiere:

„Den Zahnstocher am Morgen kauend,
gelobe ich mit allen Wesen,
für die Augenzähne zu sorgen,
die sich durch alle Bedrängnisse hindurchbeißen."

Buddha sagte, man solle nicht mehr als ein Drittel des Zahnstochers kauen. Im Allgemeinen musst du deine Zähne und deine Zunge in Übereinstimmung mit dem Dharma putzen. Bürste deine Zunge nicht mehr als drei Mal. Wenn deine

---

[34] Jap. tasuki, eine Kordel zum Binden der Gewandärmel.

[35] Ein Weidenzweig (yoji), dessen Enden so weichgekaut wurden, dass man ihn ähnlich einer Zahnbürste benutzen konnte. Die folgenden Verse sind aus dem Kegonsutra.

Zunge vor Reizung rot wird, solltest du damit aufhören. In alten Zeiten hieß es: „Für einen reinen Mund kaue das Zahnstäbchen, spüle deinen Mund aus und bürste deine Zunge."[36] Wenn du dies vor anderen tust, bedecke deinen Mund, damit sie es nicht sehen und sich nicht ekeln. Natürlich solltest du dort ausspucken, wo andere nicht zuschauen können. Tempel im Song-China haben in ihren Waschräumen keinen Platz für das Kauen von Zahnstochern. Im Daibutsuji haben wir jetzt in unserem Waschraum einen Platz dafür. Bring mit beiden Händen deine Schale vor den Ofen im Waschraum, stell sie ab, nimm eine Schöpfkelle und schöpfe heißes Wasser hinein. Kehre dann zum Waschbecken zurück und wasche dein Gesicht, indem du achtsam mit den Händen aus der Schale schöpfst. Reinige deine Augen, Nasenlöcher, Ohren und deinen Mund gründlich, bis sie sauber sind. Verschwende nicht zu viel heißes Wasser, indem du es übermäßig verwendest. Wenn du deinen Mund ausspülst, spucke das Wasser außerhalb des Beckens aus. Wasche dein Gesicht mit gebeugtem Körper und gesenktem Kopf, nicht im Stehen, damit kein Wasser in die Waschschale deines Nachbarn spritzt. Schöpfe mit beiden Händen heißes Wasser und wasche dein Gesicht, um alle Verschmutzungen zu entfernen. Dann löse mit der rechten Hand das Shukin und wische dir das Gesicht ab. Wenn es ein gemeinsames Handtuch gibt, kannst du es benutzen. Mache keine Geräusche mit der Schöpfkelle und der Schale und gebe beim Gurgeln keine Geräusche von dir, die

---

[36] „Sutra der dreitausend Haltungen".

die reine Gemeinschaft erschrecken oder stören könnten. In alten Zeiten hieß es: „Das Waschen des Gesichts während der fünften Wache ist im Grunde genommen eine Übung.“ Wie könntest du laut spucken oder mit deiner Schale klappern und so in der Halle Lärm machen und die Mönche stören?

Die würdevolle Art und Weise, in die Halle zurückzukehren, entspricht der zuvor erwähnten Art des Verlassens. Kehre an deinen Platz zurück, bedecke dich, falls du es wünschst, mit deiner Steppdecke und praktiziere Zazen in Übereinstimmung mit dem Dharma. Ziehe die Okesa noch nicht an.

Wenn du dein Gewand wechseln willst, verlasse deinen Platz nicht, sondern ziehe dich dort um. Bedecke dich zuerst mit deinem Tagesgewand, dann löse leise dein Schlafgewand, ziehe es von deinen Schultern und lass es um deinen Rücken und deine Knie fallen, so dass es dich wie eine Decke umgibt. Wenn du dein Tagesgewand angelegt hast, nimmst du dein Schlafgewand und legst es in den Schrank an der Rückseite deines Sitzes. Um von deinem Tagesmantel in deinen Schlafmantel zu wechseln, machst du es natürlich auf die gleiche Weise. Entblöße dich nicht beim Umkleiden, stelle dich nicht auf die Plattform und ziehe nicht deine Kleider hinter dir her, während du sie zusammenfaltest.

Kratze dich nicht am Kopf und verteile keine Schuppen. Spiele auch nicht mit einem Juzu (Rosenkranz) und mach keine Geräusche, die die Gemeinschaft ablenken. Unterhalte dich nicht mit deinen Nachbarn auf der Plattform, und wenn du dich hinsetzt oder hinlegst, richte dich gleichmäßig zu den anderen aus. Wenn du auf deinen Sitzplatz auf- oder von ihm absteigst, sollst du nicht auf der Plattform herumkriechen. Mach keinen Lärm, indem du deinen Sitz abbürstest.

Während der fünften Wache ertönt das Han vor dem Dienstzimmer des Obermönchs drei Mal. Nachdem der Abt und der Obermönch in der Halle Platz genommen haben, sollten die Mönche nicht durch den Vordereingang eintreten oder gehen. Falte deine Schlafmatte und Steppdecke noch nicht zusammen, sondern warte auf das Signal des Endes der Nacht, wenn der Unpan[37] vor der Küche und die Han vor den verschiedenen Hallen nacheinander angeschlagen werden und so die „große Stille geöffnet"[38]. Das ist der Zeitpunkt, um die Schlafmatte und die Steppdecke zusammenzufalten, sie zusammen mit deinem Kissen wegzulegen und den Vorhang vor deinem Schrank, wo du dein Bettzeug aufbewahrst, anzuheben. Dann zieh deine Okesa an und setz dich den anderen gegenüber.

Ebenfalls auf das Signal hin werden die Vorhänge an den Fenstern und den vorderen und hinteren Eingängen hochgezogen, Weihrauch wird vorbereitet und eine Kerze vor Manjushris Altar angezündet.

Die Steppdecke wird wie folgt zusammengelegt: Wenn du das Signal zum Ende der Nacht hörst, nimm mit jeder Hand

---

[37] Wolkenförmiger, flacher Metallgong, der mit einem Holzschlegel geschlagen wird.

[38] Jap. kaidaijo oder daikaijo.

eine Ecke der Decke und falte sie vertikal zusammen, sodass zwei Lagen entstehen. Dann falte sie erneut vertikal zu einem langen Stapel mit vier Lagen. Dann falte sie horizontal und ein viertes Mal, so dass sechzehn Lagen entstehen. Lege sie ganz nach hinten hinter die Schlafmatte und falte die Matte unter der Steppdecke zusammen, wobei das Kissen in die Steppdecke gesteckt wird. Lege die Steppdecke mit den Falten zu dir hin. Dann mache Gassho und nimm mit beiden Händen die Okesa und das Tuch, in das es eingewickelt ist, und lege beides auf die Bettdecke. Danach mache Gassho und öffne das Tuch, so dass es die Steppdecke bedeckt, wobei die beiden Enden ausgebreitet und rechts und links über der Steppdecke gefaltet sind. Wickel es nicht um die Vorder- und Rückseite der Steppdecke. Als nächstes mache Gassho zur Okesa hin; hebe es mit beiden Händen hoch und lege es auf deinen Kopf. Mache Gassho und erwecke dein Gelübde, indem du diesen Vers sprichst:

„Prächtiges Gewand der Befreiung,
formloses Feld des Segens,
ich entfalte und trage die Lehre des Tathagata,
und rette vollständig alle Wesen.“

Nachdem du die Okesa angelegt hast, drehe dich um und setze dich mit dem Gesicht zur Mitte. Wenn du die Steppdecke zusammenfaltest, strecke sie nicht so weit aus, dass sie auf den nächsten Platz übergreift, und tue es nicht abrupt, um keinen Aufruhr zu erzeugen. Benehme dich einfach anständig und stimme respektvoll mit der Sangha überein. Nach dem Signal, dass die Nacht zu Ende ist, strecke deinen Futon und deine Bettdecke nicht aus und lege dich nicht wieder schlafen. Nach dem Frühstück kannst du im Shuryo[39] Tee oder heißes Wasser trinken oder wieder an deinem Platz sitzen.

Das Verfahren für das morgendliche Zazen besteht darin, dass der Ino [Mönchsaufseher] kurz nach dem Frühstück die „Zazen"-Tafel vor dem Sodo aufhängt und dann das Han erklingen lässt. Der Obermönch und die Gemeinschaft, die ihre Okesa trägt, betreten die Halle, und die Mönche machen Zazen mit dem Gesicht zur Wand an ihrem Platz. Der Obermönch sitzt nicht mit dem Gesicht zur Wand, die Choshu [Abteilungsleiter] sitzen wie die anderen Mönche mit dem Gesicht zur Wand. Der Abt macht Zazen auf seinem Stuhl.

Mönche in Zazen drehen ihren Kopf nicht um, um zu sehen, wer eintritt oder geht. Wenn du zu den Waschräumen gehen willst, nimm, bevor du deinen Sitz verlässt, zuerst die Okesa ab und lege sie auf die Bettdecke. Dann mache Gassho und wende dich von der Decke ab, indem du dich im Uhrzeigersinn drehst, so dass du mit dem Gesicht zum Rand der Decke stehst. Stecke beim Absteigen die Füße in deine Hausschuhe. Wenn du hinein- oder herausgehst, schaue nicht auf

---

[39] Gebäude hinter der Mönchshalle zum Studieren und für Ruhepausen; dazu folgt ein eigenes Kapitel.

die Rücken der Zazen-Übenden, sondern senke einfach den Kopf und gehe weiter.

Gehe nicht mit großen Schritten, sondern bewege deinen Körper zusammen mit deinen Füßen. Schaue etwa einen Meter vor dich auf den Boden und mache halbe Schritte. Ein ruhiges, gelassenes Gehen ist elegant, fast wie Stillstand. Rutsche nicht laut mit deinen Hausschuhen, um die Gemeinschaft nicht zu stören. Halte deine Hände in Shashu in deinen Ärmel zusammen. Lass die Ärmel nicht an den Beinen herunterhängen.

Wenn du deine Okesa zusammenfaltest, stelle dich nicht auf deinen Sitz und halte den Rand der Okesa nicht im Mund. Halte die Okesa nicht hoch und schüttele sie nicht heftig. Trete beim Zusammenlegen auch nicht auf die Okesa und halte sie nicht unter dein Kinn. Berühre die Okesa nicht mit nassen Händen und lasse sie nicht auf Manjushris Altar oder auf den Enden der langen Plattformen in der Mitte der Mönchshalle liegen. Setz dich nicht so hin, dass die Ränder der Okesa ausgebreitet und unter dir zusammengedrückt sind. Achte immer darauf, dass die Okesa ordentlich ausgerichtet ist. Wenn du die Okesa anziehen willst, mache zuerst Gassho zu ihr hin. Nachdem du die Okesa abgelegt hast, ist es üblich, die Hände ebenfalls in Gassho zu erheben. Du solltest diese Praktiken kennen. Während Zazen solltest du die Okesa nicht tragen, wenn du deinen Platz verlässt und aus der Halle gehst.

Wenn das erste Mittagssignal aus der Küche ertönt[40], machen alle Mönche Gassho und Zazen ist beendet. Dann verlassen die Mönche die Halle und tragen ihre Okesa. Die Zafu bleiben bis nach dem Mittagessen auf den Plätzen, dann werden sie darunter verstaut.

Wenn das erste Mittagssignal ertönt, lässt der Ino einen Doan[41] die Zazen-Tafel abnehmen. Während des morgendlichen Zazen wird die Zazen-Tafel angebracht. Zu den anderen Zazen-Zeiten wird die Tafel nicht angebracht. Zu den Hosan[42]-Zeiten hängt man die Hosan-Tafel auf und nimmt sie ab, wenn die Abendglocke ertönt. Um Zazen zu signalisieren, wird morgens ein Han angeschlagen, abends die Glocke geläutet. Die Mönche betreten die Mönchshalle, tragen ihre Okesa und machen Zazen mit dem Gesicht zur Wand an ihrem Platz. Vor dem „Ende der Nacht" [direkt nach dem Aufwachen] und während des Nachmittags [zwischen 15 und 17 Uhr] macht man einfach Zazen ohne Okesa. Am Nachmittag gehst du zu deinem Platz in der Halle, trägst die Okesa über deinem linken Unterarm und nimmst dein Zafu für Zazen heraus. Breite deine Schlafmatte noch nicht aus, oder folge dem alten Brauch, sie teilweise auszubreiten. Nimm deine Okesa vom Arm, falte sie zusammen, lege sie

---

[40] Drei Schläge auf das Unpan, die anzeigen, dass das Feuer unter dem Reis erloschen ist.

[41] Doan (eig. Dosu kuka anja) ist der Gehilfe des Ino. Er schlägt während Rezitationen Instrumente und bringt Opfergaben zu den Altären.

[42] Hosan: Freistellung vom Unterricht, ein Tag ohne Treffen mit dem Lehrer.

auf die Bettdecke und mache Zazen. Für das Zazen vor dem Ende der Nacht lege die Okesa in den Schrank und bewege sie nicht.

Wenn du Zazen machst, benutze immer ein Kissen. Setze dich in den vollen Lotussitz, indem du zuerst den rechten Fuß auf den linken Oberschenkel und dann den linken Fuß auf den rechten Oberschenkel legst. Du kannst dich auch in den halben Lotussitz begeben, indem du einfach den linken Fuß auf den rechten Oberschenkel legst. Lege dann die rechte Hand auf den linken Fuß und die linke Handfläche auf die nach oben zeigende rechte Handfläche, wobei sich die Daumenspitzen leicht berühren. Setze dich aufrecht hin, mit dem Hinterkopf gerade über der Wirbelsäule, nicht nach links oder rechts, nach vorne oder hinten geneigt. Die Ohren sollten in einer Linie mit den Schultern und die Nase in einer Linie mit dem Bauchnabel sein. Lege deine Zunge an den Gaumen, Zähne und Lippen sind geschlossen. Halte deine Augen offen, nicht zu weit und nicht zu eng, ohne dass die Augenlider die Pupillen verdecken. Dein Nacken sollte sich nicht vom Rücken nach vorne krümmen. Atme ganz natürlich durch die Nase, nicht laut keuchend, weder lang noch kurz, weder langsam noch scharf. Bringe Körper und Geist in Einklang, indem du mehrere tiefe Atemzüge mit deinem ganzen Körper machst, so dass du innerlich und äußerlich entspannt bist, und wiege dich sieben oder acht Mal nach links und rechts. Bleibe ruhig und unbeweglich im Sitzen und denke an das, was nicht denkt. Wie denkt man an das, was nicht denkt?

Jenseits des Denkens.[43] Dies ist die wesentliche Kunst des Zazen.

Wenn du vom Sitzen aufstehst, erhebe dich allmählich. Wenn du von der Plattform herunterkommst, steige ebenfalls sanft ab. Hebe deine Füße nicht hoch, mache keine großen Schritte und renne nicht hastig voran. Behalte deine Hände in Shashu in den Ärmeln, anstatt sie nach unten fallen zu lassen. Wippe nicht mit dem Kopf, sondern schaue nur nach unten. Gehe vorsichtig und langsam, ohne Aufsehen zu erregen. Wenn du der Gemeinschaft gemäß diesem Dharma aufmerksam folgst, ist das genau das Kriterium, sich auf den Weg einzulassen.

Das Verfahren für Hosan ist wie folgt: Hosan findet nach dem Zazen am Nachmittag statt. Wenn die große Gemeinschaft das Mittagessen in der Mönchshalle beendet hat, legst du dein Zafu ab, verlässt die Halle und ruhst an deinem Studienplatz im Shuryo. Am Nachmittag um 15 Uhr kehrst du in die Mönchshalle zurück, nimmst dein Zafu heraus und machst Zazen. Von da an bis zum Mittagessen des nächsten Tages bleibt das Zafu bei dir.

Vor dem Hosan kommt der Obermönch in die Halle der Mönche, indem er den nördlichen Gang entlanggeht und den südlichen Vordereingang betritt. Nachdem er das Han vor

---

[43] Ein Mönch fragte Yaoshan, woran er beim Sitzen denke. Dieser antwortete: „Jenseits des Denkens (hishiryo)." Dies wird auch als „Nicht-Denken" übersetzt. Es bezeichnet ein Gewahrsein der Gedanken, ohne sich an sie zu binden.

seinem Büro drei Mal angeschlagen hat, betritt der Obermönch die Halle und setzt sich an seinen Platz, sobald er Manjushri Räucherwerk dargebracht hat. Als nächstes verkündet der Doan den Mönchen in den verschiedenen Dienstzimmern, dass der Obermönch in der Halle sitzt, indem er drei Mal das Han vor dem Shuryo schlägt. Wenn sie das Han hören, betreten die Mönche die Halle, legen ihre Okesa an und setzen sich einander gegenüber auf ihre Plätze. Zu diesem Zeitpunkt legen die Zazen-Übenden, die mit dem Gesicht zur Wand sitzen, ihre Okesa an und setzen sich einander zugewandt hin.

Nachdem er dem Abt Bericht erstattet hat, hängt der Doan die Hosan-Tafel vor der Halle der Mönche auf. Danach hebt der Doan den Vorhang vor der Halle und tritt ein, verbeugt sich vor Manjushri, geht zum Obermönch in Gassho und verbeugt sich. Dann beugt sich der Doan in Shashu vor und sagt mit sanfter Stimme: „Osho hosan." Der Abt entlässt die Schüler aus der Versammlung. Der Obermönch hört schweigend in Gassho zu. Als nächstes kehrt der Doan vor Manjushri zurück, steht, nachdem er sich ordentlich verbeugt hat, aufrecht in Shashu und ruft laut: „Hosan!" Dies sollte sehr langsam ausgerufen werden. Dann verlässt der Doan die Halle und schlägt drei Mal die Glocke für Hosan. Dies geschieht gegen 18 Uhr.

Wenn die Mönche die Glocke hören, verbeugen sie sich wie bei den Mahlzeiten und würdigen die Menschen neben ihnen, indem sie sich geradeaus verbeugen. Wenn der Abt noch in der Halle ist, erhebt er sich und verbeugt sich; nachdem er sich vor Manjushri verbeugt hat, verlässt er die Halle. Die Mönche erheben sich von ihren Plätzen, verbeugen sich anerkennend vor ihren Nachbarn, rollen ihre Schlafmatten aus und lassen die Vorhänge vor ihren Schränken herunter.

Nach der Rückkehr zum Shuryo verbeugen sich die Mönche vor ihren Nachbarn und setzen sich einander gegenüber an ihre Tische. Sie können ein heißes Getränk zu sich nehmen, wenn sie es wünschen. Manchmal werden heiße Getränke förmlich serviert, wobei der Obermönch des Shuryo an seinem Platz sitzt. Der Shuryo-Leiter opfert Weihrauch, bevor er die Getränke serviert, während die Gemeinschaft in Gassho sitzt. Der Shuryo-Leiter kann Weihrauch opfern, indem er seine Okesa über dem linken Arm trägt oder nachdem er die Okesa angelegt hat, je nach Anweisung des Abtes oder nach dem Brauch des jeweiligen Tempels.

Die Prozedur für den Shuryo-Leiter, um Weihrauch zu opfern, besteht darin, dass er zuerst zur Verbeugungsmatte geht und sich mit Blick auf Avalokiteshvara verbeugt. Dann geht er zur Vorderseite des Räuchergefäßes und opfert mit seiner starken Hand Räucherstäbchen; danach dreht er sich im Shashu nach hinten, kehrt zur Vorderseite der Verbeugungsmatte zurück und verbeugt sich. Der Shuryo-Leiter geht in Shashu zur oberen rechten Seite des Shuryo, auf halbem Weg zwischen dem ersten Sitz der beiden Hauptplattformen verbeugt er sich. Dann, nachdem er sich im Shashu im Uhrzeigersinn gedreht hat, geht er an Avalokiteshvara vorbei und zur unteren linken Seite des Shuryo und verbeugt sich auf halbem Weg zwischen dem ersten Sitz der beiden Hauptplattformen. Nachdem er sich erneut im Shashu im Uhrzeigersinn gedreht hat, geht er zurück, um Avalokiteshvara nach einer weiteren Verbeugung im Shashu gegenüberzustehen. Danach wird heißes Wasser oder Tee serviert. Wenn das Teetrinken beendet ist, bringt der Shuryo-Leiter erneut Weihrauch dar und verbeugt sich, wobei er demselben Verfahren wie zuvor folgt.

Der Dharma für die Nahrungsaufnahme (Fushukuhanpo)

Verfasst im Jahr 1246 im Eiheiji

Ein Sutra sagt: „Wenn du bei der Nahrung gleichbleiben kannst, dann bleiben auch alle Dharmas gleich; wenn alle Dharmas gleich sind, dann wirst du auch bei der Nahrung gleichbleiben." Lass einfach Dharma gleich sein wie Nahrung, und lass Nahrung gleich sein wie Dharma. Aus diesem Grund, wenn Dharmas die Dharma-Natur sind, dann ist auch die Nahrung die Dharma-Natur. Wenn der Dharma das Seiende ist, ist auch die Nahrung das Seiende. Wenn der Dharma der einzige Geist ist, dann ist auch die Nahrung der einzige Geist.

Wenn der Dharma Bodhi ist, dann ist auch die Nahrung Bodhi. Sie haben denselben Namen und dieselbe Bedeutung, deshalb sagt man, dass sie dasselbe sind. In einem Sutra heißt es: „Mit dem gleichen Namen und der gleichen Bedeutung ist jedes Einzelne dasselbe, das mit nichts anderem übereinstimmt."[44] Mazu sagte: „Wenn das Dharma-Reich etabliert ist, ist alles vollständig das Dharma-Reich. Wenn das So-Sein etabliert ist, ist alles vollständig So-Sein. Wenn das Prinzip etabliert ist, ist alles vollständig das Prinzip. Wenn Phänomene etabliert sind, sind alle Dharmas ausschließlich Phänomene.[45]" Daher ist dieses „Gleiche" nicht das Gleiche der

---

[44] Siehe Lankavatarasutra.

[45] Das Prinzip (ri) ist das Grundlegende, im Unterschied zu den Phänomenen (ji).

Gleichwertigkeit (tokin) oder Gleichmäßigkeit (toryo), sondern das Gleiche des Erwachens zur wahren Gleichheit [anuttara samyak sambodhi[46]]. Das Erwachen zum wahren Gleichen ist die letztendliche Identität aller Gleichheiten von Anfang bis Ende.[47] Die Gleichheit der letztendlichen Identität von Anfang bis Ende ist die wahre Form aller Dharmas, die nur ein Buddha zusammen mit einem Buddha erschöpfend durchdringen kann. Daher ist die Nahrung der Dharma aller Dharmas, das nur ein Buddha zusammen mit einem Buddha erschöpfend durchdringen kann. Gerade zu diesem Zeitpunkt gibt es die echten Merkmale, die Natur, die Substanz, die Kraft, die Funktion, die Ursachen und die Bedingungen. Aus diesem Grund ist Dharma selbst Nahrung, Nahrung ist selbst Dharma. Dieses Dharma ist das, was von allen Buddhas in der Vergangenheit und Zukunft empfangen und genutzt wird. Diese Nahrung ist die Erfüllung, die die Freude des Dharma und das Vergnügen der Meditation ist.

Setze dich zur Frühstückszeit nach Kaidaijo, dem Signal zum Ende der Nacht, und zur Mittagszeit, bevor die Trommel drei Mal angeschlagen wird, an deinen Essensplatz. Zur Mittagszeit, nach den drei Trommelschlägen, wird die große Glocke geläutet, um das Mittagessen anzukündigen. In einem Stadttempel wird zuerst die Glocke zum Mittagessen geläutet; in den Bergen oder Wäldern werden zuerst die drei Trommelschläge ausgeführt. Wenn zu diesem Zeitpunkt

---

[46] Jap. shotokaku.

[47] Siehe die Gleichheit aller zehn Wesenheiten im Lotussutra.

Menschen mit dem Gesicht zur Wand sitzen, müssen sie sich umdrehen und in die Mitte setzen. Wenn sich Personen außerhalb der Halle befinden, müssen sie ihre Arbeit unterbrechen und sich die Hände waschen. In förmlicher Haltung und Kleidung begeben sie sich in die Halle. Als Nächstes wird drei Mal das Han „abgerollt"[48], und die Mönche betreten gemeinsam die Halle. Wenn sie die Halle betreten, gehen sie schweigend, ohne zu nicken, zu reden oder zu lachen. Sowohl beim Betreten der Halle als auch im Inneren sollte man keine Gespräche führen, sondern einfach nur schweigen.

Die Prozedur für das Betreten der Halle ist: Hebe deine Hände in Gassho vors Gesicht, wenn du eintrittst. In Gassho sind deine Fingerspitzen auf gleicher Höhe mit der Nasenspitze, und wenn dein Kopf tief oder aufrecht oder leicht geneigt ist, folgen deine Fingerspitzen im gleichen Winkel. Die Arme berühren nicht die Brust, und die Ellbogen sind von den Seiten abgespreizt. Wenn sie den Vordereingang benutzen, treten die Mönche durch die südliche [linke] Seite ein, zuerst mit dem linken Fuß und dann mit dem rechten. Der Grund, warum sie nicht durch die Nordseite oder die Mitte eintreten, ist die Ehrfurcht vor dem Abt. Der Abt tritt entweder durch die nördliche [rechte] Seite oder durch die Mitte ein, und die korrekte Form für den Eintritt durch die Mitte ist, zuerst mit dem rechten Fuß hineinzugehen. Nachdem er sich vor Manjushri verbeugt hat, dreht sich der Abt nach

---

[48] Jap. san'e: Auf sieben, fünf, drei langsame Schläge folgen schnelle, sich beschleunigende Schläge, die mit einem, zwei, drei ausklingen.

rechts und nimmt seinen Platz ein. Der Weg für den Obermönch ist, den nördlichen Gang der Mönchshalle entlangzugehen und durch den Vordereingang auf der südlichen [linken] Seite einzutreten. Diejenigen, die durch den Hintereingang kommen, müssen, wenn ihr Platz auf den oberen Plattformen [der nördlichen Hälfte der Mönchshalle] ist, die nördliche [linke] Seite des Hintereingangs betreten, indem sie zuerst mit ihrem linken Fuß hineingehen. Diejenigen, die sich auf den unteren Plattformen [der südlichen Hälfte] befinden, betreten die südliche [rechte] Seite des Hintereingangs, indem sie zuerst mit dem rechten Fuß hineingehen. Da sie sich hinter Manjushri befinden, gehen sie zu ihren Plätzen, nachdem sie sich nach Osten [zum Vordereingang] verbeugt haben. Ihr Sitzplatz für die Mahlzeiten hängt von der Anzahl der Jahre seit der Ordination oder der in diesem Kloster verbrachten Zeit ab. Während der Zeit der klösterlichen Übungsperioden[49] hängt der Sitzplatz jedoch immer von der Zeit der Ordination ab.

Die Art und Weise, wie man auf die Plattform aufsteigt, ist: Verbeugung vor denjenigen, die auf den benachbarten Plätzen sitzen. Dies geschieht, indem du dich vor deinem Sitz verbeugst, was als Verbeugung vor denen auf beiden Seiten verstanden wird. Dann drehst du dich im Uhrzeigersinn und verbeugst dich vor dem Sitz, der dir gegenüber ist. Als nächstes nimmst du mit der rechten Hand deinen linken Ärmel

---

[49] Jap. ango, neunzigtätige Retreats, die zwei Mal jährlich stattfinden und auf die Regenzeit-Übung zu Buddhas Zeiten zurückgehen.

und schiebst ihn zurück unter deinen Arm, und dann schiebst du mit der linken Hand deinen rechten Ärmel unter deinen Arm. Dann hebe mit beiden Händen die Vorderseite deiner Okesa und halte sie in der linken Hand hoch. Stelle dich mit zusammengebrachten Füßen auf den Boden neben der Plattform und lasse deine Hausschuhe vor deinem Platz stehen, während du dich mit deiner linken Hand abstützt und dein linkes Bein auf den Sitz anwinkelst. Dann hebe das rechte Bein unter dich und richte dich so auf, dass du aufrecht sitzt. Es ist auch möglich, die rechte Hand auf die Plattform zu legen und zuerst das rechte Bein hochzuziehen; dann das linke Bein anheben und aufrecht sitzen. Drücke dein linkes Bein auf deinen Oberschenkel.[50] Als Nächstes breitest du die Okesa so aus, dass sie deine Knie bedeckt, ohne dass das Gewand darunter zu sehen ist. Dein Gewand sollte nicht auf den Joen [den Rand der Plattform, wo die Schalen stehen] herabhängen; dein Körper sollte eine Schalenbreite vom Rand entfernt sein. Halte die Reinheit des Joen ein; sie wird dreifache Reinheit genannt, weil dies erstens der Ort ist, an dem wir die Okesa platzieren, zweitens der Ort, an dem wir unsere Essschalen ausbreiten, und drittens der Ort, an dem unser Kopf liegt, wenn wir schlafen.

Der Leiter, der Ino [Aufseher der Mönche], der Tenzo [Chefkoch] und der Arbeitsleiter sitzen alle auf der oberen [rechten] Seite der äußeren Halle; während der Gästebetreuer, der Bademeister, der Leiter der Krankenstation

---

[50] Während der Mahlzeiten im halben Lotus.

(dosu), der Leiter der Feuer- und Brennstoffversorgung (tanju) und der Verwalter der Vorräte und Spendensammler (gaibo keshu) alle auf der unteren linken Seite der äußeren Halle sitzen. Dann wird das Mokugyo[51] mit drei Rolltönen angeschlagen und die Mönche versammeln sich still im Inneren. Diejenigen, die erst nach dem Schlag eintreffen, dürfen die Halle nicht betreten. Wenn sie den Klang der Unpan vor der Küche hören, holen die Mönche alle ihre Schalen herunter.

Die Schalen werden wie folgt genommen: Stehe ruhig und achtsam auf und drehe dich nach rechts, um zum Namensschild zu schauen. Nach einem Gassho mit leicht gebeugtem Kopf nimm deine Schalen. Halte die Schalen mit der linken Hand, während du sie mit der anderen aushakst, und trage sie dann mit beiden Händen, nicht zu hoch oder zu tief, sondern auf Brusthöhe. Drehe dich um, beuge dich hinunter, setz dich und stelle die Schalen links hinter deinen Sitz. Stoße deine Hüften oder Ellbogen nicht zu deinen Nachbarn hinüber. Achte darauf, dass deine Okesa nicht gegen andere stößt.

Zu diesem Zeitpunkt bringt Manjushris Jisha dem Manjushri eine Essensgabe dar. Der Kasshiki Anja hält das Tablett mit der Opfergabe hoch und der Jisha geht vor der

---

[51] Fischförmige hohle Holztrommel, die einst länglich war und heute kugelförmig ist und beim Singen verwendet und mit einer Holzstange geschlagen wird. Heute rot bemalt, zeigt sie zwei Fische mit Drachenköpfen, die ein Juwel im Mund haben.

Essensgabe in Gassho voran. Der Jisha überreicht Manjushri das Essen und nimmt, nachdem er zurückgekehrt ist und sich vor der Verbeugungsmatte verbeugt hat, die Stoffabdeckung über dem tsui chin[52] ab. Danach geht der Jisha in Gassho zur Vorderseite der Verbeugungsmatte und verbeugt sich, dreht sich dann nach rechts und geht in die äußere Halle, vorbei an den Plätzen der Tempelverwalter, und setzt sich an den Platz des Jisha. Wenn der dritte Trommelwirbel fast beendet ist, wird die kleine Glocke vor der Halle (sieben Mal) geläutet.

Der Abt betritt die Halle und alle Mönche steigen von den Podesten herab. Der Abt verbeugt sich vor Manjushri und dann vor der Gemeinschaft; nachdem der Abt seinen Platz eingenommen hat, verbeugen sich die Mönche ebenfalls. Die Jisha, die dem Abt dienen, stehen und warten in der äußeren Halle und verbeugen sich dann gemeinsam, wenn die Mönche sich setzen. Ein Jisha bringt einen Tisch zum Abt, verbeugt sich und geht. Die Schalen des Abtes werden auf diesen Tisch gestellt. Die Mönche steigen wieder auf die Plattform, lassen ihre Pantoffeln unter ihren Sitzen und setzen sich aufrecht auf ihre Zafu, die in einer gleichmäßigen Reihe ausgerichtet sind. Dann halten sie ihre Schalen hoch[53] und stellen sie auf den Rand ihres Platzes. Der Ino [Aufseher der Mönche] betritt die Halle und bringt Manjushri Weihrauch

---

[52] Ein achteckiger Holzklotz, der einige Meter hoch ist und von einem kleinen Block geschlagen wird, der ungenutzt von einem Tuch bedeckt wird; steht links vom Manjushri-Altar.

[53] Jap. takuhatsu, die Schalen mit Daumen, Zeige- und Mittelfinger beider Hände auf Nasenhöhe halten wie bei Bettelgängen.

dar, wobei er sich vorher und nachher verbeugt. Nach der Verbeugung geht er in Gassho zum tsui chin, verbeugt sich und schlägt es ein Mal, oder manchmal auch nicht. Die Sangha wickelt nun ihre Schalen aus und stellt sie auf.

Die Art und Weise, wie man die Schalen aufstellt, ist: Zuerst Gassho machen und den Knoten an den Wickeltüchern um die Schalen lösen. Nimm das Schalenwischtuch und falte es zusammen, ein Mal waagerecht und in drei Lagen senkrecht. Lege es dann waagerecht hinter die Essschalen zwischen die Schalen und dich selbst, zusammen mit dem Utensilienbeutel. Das Wischtuch ist etwa 36 cm lang. Lege den Utensilienbeutel über das Wischtuch und breite dann das Schoßtuch über deinen Knien aus.

Als Nächstes öffne das Wickeltuch, wobei die dir zunächst zugewandte Ecke nun über den Rand der Plattform hinaushängt und die dir zunächst abgewandte Ecke nun in deine Richtung geöffnet und teilweise unter sich gefaltet ist [wobei die Spitze noch zu sehen ist].

Dann werden die Ecken links und rechts bis zur Schale untergefaltet [wobei die Ecken noch zu sehen sind].

Als Nächstes öffnest du mit beiden Händen das Platzdeckchen[54]. Halte mit der rechten Hand den dir zugewandten Rand des Platzdeckchens so, dass er über den Schalen ist, hebe die Schalen mit der linken Hand an und stelle sie auf die

[54] Jap. hattan, ein lackiertes Stück Papier, auf das die Schalen gestellt werden; nach den Mahlzeiten wird es zusammengefaltet und auf die Schalen im Tuch gelegt.

linke Seite des Platzdeckchens [das auf das offene Wickeltuch gelegt wurde].

Nimm dann jede Schale mit beiden Daumen heraus, beginne mit der kleinsten und stelle sie nacheinander ab, ohne Geräusche zu machen. Wenn der Platz etwas zu eng ist, stelle nur drei Schalen auf.

Dann öffne den Utensilienbeutel und nimm zuerst die Essstäbchen, dann den Löffel heraus; beim Einsetzen gehe umgekehrt vor. Der Schalenreinigungsstab[55] befindet sich ebenfalls in der Utensilientasche. Lege Essstäbchen und Löffel waagerecht hinter die Schalen, mit den Spitzen nach links. Dann nimm das Reinigungsstäbchen und lege es senkrecht zwischen die zweite und dritte Schale, wobei der Griff von dir abgewandt ist, so dass eine Essensgabe draufgelegt werden kann. Dann falte den Utensilienbeutel zusammen und lege ihn zusammen mit dem Wischtuch waagerecht hinter die Schalen, unter oder hinter das Platzdeckchen.

Wenn eine Gedenkmahlzeit angeboten wird, umkreist der Spender den Ort und kniet dann vor einem Räuchergefäß nieder. Während dieser Zeremonie bleibt man in Gassho und spricht nicht, lacht nicht, nickt nicht mit dem Kopf und bewegt sich nicht, sondern sitzt nur still. Dann schlägt der Ino ein Mal auf das tsui chin und sagt:

„Wir huldigen dem Bhagavat (Buddha), den vollkommenen Sutras und der Mahayana-Bodhisattva-Sangha, mit ihren

---

[55] Jap. setsu oder hassetsu; ein Holzstab mit austauschbarer Stoffspitze zum Auswischen der Schalen nach den Mahlzeiten.

unvorstellbaren Verdiensten und Tugenden. Heute Morgen wurde eine besondere Mahlzeit bereitgestellt, und im Namen des Spenders möchte ich respektvoll ihre Widmung für die Mönchshalle verkünden. Wir wünschen in aller Bescheidenheit, dass sich großes Mitgefühl manifestieren möge."

Nachdem er die Widmung verkündet hat, sagt der Ino: „Diese Widmung ist geöffnet[56] und vollständig verkündet worden. Möge das unparteiische göttliche Auge tatsächlich klare Erleuchtung schenken. Demütig rezitieren wir zusammen mit der verehrten Sangha."

Zu diesem Zeitpunkt rezitieren die Mönche in Gassho und mit lauter Stimme achtsam mit dem Ino:

„Der reine Dharmakaya-Vairochana-Buddha, der vollständige Sambhogakaya-Rushana-Buddha[57], die zehn Billionen Formen des Nirmanakaya Shakyamuni Buddha, der zukünftige Maitreya Buddha, alle Buddhas der zehn Richtungen und drei Zeiten, das Mahayana, das Wunderbare Dharma-Lotusblumensutra, der Große-Weisheit-Manjushri Bodhisattva (Monju), der Mahayana-Bodhisattva Samantabhadra (Fugen), der große mitfühlende Avalokiteshvara Bodhisattva

---

[56] Sie wird mit dem Namen der zu gedenkenden Person auf ein Papier geschrieben und dieses geöffnet und verlesen.

[57] Die Trennung des Vairochana in zwei Aspekte stammt aus dem Tendai-Buddhismus: Dharmakaya (jap. Hosshin) ist der Wirklichkeitskörper Buddhas, Sambhogakaya (jap. Hoshin) der Körper meditativer Glückseligkeit; Rushana ist ein anderer Name für den Sambhogakaya. Der Nirmanakaya (jap. Keshin) ist schließlich der Transformationskörper Buddhas, seine zahlreichen historischen Manifestationen.

(Kanzeon), alle ehrwürdigen Bodhisattva-Mahasattvas, maha prajna paramita."

Wenn das tsui chin, das vor jedem Namen erklingt, zu schnell angeschlagen wird, trifft es den Fuß des vorherigen Buddha; wenn es zu langsam angeschlagen wird, trifft es den Kopf des nächsten Buddha.

Wenn eine reguläre Mahlzeit serviert wird, schlägt der Ino das tsui chin und sagt: „Demütig betrachten wir die drei Schätze, mögen sie uns anerkennen." Zu diesem Zeitpunkt wird die Huldigung an Buddha, Dharma und Sangha nicht gesungen.

Nachdem die zehn Namen des Buddha rezitiert wurden, wird das tsui chin geschlagen und der Obermönch rezitiert den Essensopfervers[58]. Zur Frühstückszeit wird rezitiert:

„Die zehn Vorteile dieser morgendlichen Mahlzeit nähren die Übenden reichlich mit unbegrenzten Belohnungen und bringen ewige Freude."

Die zehn Vorteile sind gemäß dem Mahasanghika Vinaya: erstens, gesunde Farbe; zweitens, Stärke; drittens, Langlebigkeit; viertens, Wohlbefinden; fünftens, gesunde Sprache; sechstens, gute Verdauung; siebtens, Verhinderung von Erkältungen; achtens, Linderung von Hunger; neuntens, Linderung von Durst; und zehntens, angemessene Ausscheidungen.

Zur Mittagszeit rezitiert der Obermönch:

---

[58] Jap. sejiki(ge).

„Die drei Tugenden und sechs Geschmacksrichtungen dieser Mahlzeit bringen wir Buddha, der Sangha und allen Wesen in der phänomenalen Welt dar, indem wir allen gleichermaßen Nahrung geben."

Die drei Tugenden sind gemäß dem Mahaparinirvanasutra: sanft, rein und dem Dharma entsprechend gemacht.

Der Obermönch, in Gassho, verlängert jeden Ton während dieses Gesangs. Wenn der Obermönch beim Essen nicht anwesend ist, führt der Shoki (Schreiber) auf dem nächsten Sitz das Rezitieren durch.

Nach den Opferversen kommt der Kasshiki Anja, der die Mahlzeit ankündigt, zum Vordereingang. Nachdem er sich vor Manjushri, dem Abt und dann dem Obermönch verbeugt hat, geht der Anja, der die Mahlzeit ankündigt, zur südlichen [linken] Seite, diesseits des Vordereingangs, neben dem Kopf der Plattform[59]. Nachdem er sich vor Manjushri verbeugt hat, steht der Anja dann in Shashu und kündigt die Mahlzeit an.[60] Die Worte müssen klar und deutlich ausgesprochen werden, wobei die Namen korrekt sein müssen. Wenn es irgendeine

---

[59] Die Köpfe der Plattform sind die Sitze, die dem Altar und den Eingängen am nächsten sind; links unten an der Südseite, wo der Anja steht, sitzen ehemalige Äbte oder bedeutende Gastlehrer, gegenüber unten der Assistent des Godo (Ausbildungsleiter), oben (nördlich) der Obermönch (shuso) beim Vordereingang und der Godo beim Hintereingang. Der Abt sitzt zwischen dem Obermönch und dem Vordereingang.

[60] Der Anja verkündet die Gänge beim Frühstück und Mittagessen, etwa „Haferschleim" oder „Reis", „Suppe", „Gemüse", ebenso den Nachschlag, das Einsammeln der Opfergaben fürs Mittagessen (saba), das Wasser, das zum Reinigen der Schalen verteilt wird und die Eimer, mit denen man es auffängt.

Diskrepanz gibt, ist der Dharma des Empfangens der Nahrung nicht vollständig, und es muss erneut angekündigt werden.

Wenn alle bedient sind, verkündet der Ino dies mit einem Schlag des tsui chin. Dann verbeugt sich der Obermönch vor dem Essen, und nach den Kontemplationen[61] beginnt die Gemeinschaft zu essen. Der Ino geht hinter dem Manjushri-Altar herum, verbeugt sich vor dem Obermönch und bittet ihn, den Spendenvers zu sprechen. Dann kehrt der Ino zum tsui chin zurück und schlägt es ein Mal an, und der Obermönch sagt:

„Materielle Gaben und die Lehre sind die beiden Gaben mit unermesslichen Verdiensten und Tugenden. Die Vollkommenheit der Großzügigkeit (dana paramita) ist vollständig erfüllt."

Das ist die Art und Weise, wie das Essen serviert wird. Wenn das Servieren zu schnell erfolgt, fühlen sich die Empfänger gehetzt; wenn das Servieren sehr langsam erfolgt, werden diejenigen, die lange sitzen, belästigt. Die Gehilfen[62] benutzen ihre eigenen Hände und lassen die Mönche das Essen nicht selbst nehmen. Die Gehilfen bieten das Essen an, beginnend mit dem Obermönch, und gehen in der Reihenfolge weiter, bis sie mit dem Abt enden. Die Gehilfen sollten sich demütig verbeugen.

---

[61] Sie werden gleich im Text erläutert.

[62] Jap. jonin, „reine Menschen".

Wenn du Suppe oder Haferschleim servierst, schüttele die Kelle zwei- oder drei Mal und halte ein wenig inne, um die Hände der Mönche oder den Rand ihrer Schalen nicht zu beschmutzen. Tue dies in gebückter Haltung und halte die andere Hand zur Faust geballt gegen deine Brust. Befolge die Wünsche der Mönche, was die Menge des Essens angeht. Lass deine Hände nicht nach unten fallen, wenn du Gewürzbehälter trägst. Wenn du das Gefühl hast, dass du beim Servieren niesen oder husten musst, drehe dich um. Wer die Serviergefäße trägt, sollte es gemäß diesem Dharma tun.

Die Art und Weise, wie man Nahrung erhält, besteht darin, sie respektvoll anzunehmen. Buddha sagte: „Nehmt die Nahrung mit Ehrfurcht an." Wir sollten dies studieren. Wenn das Essen noch nicht gekommen ist, halte deine Schale nicht flehend vor dich hin. Hebe die Schale mit beiden Händen von der Unterlage und halte sie niedrig. Halte die Schale waagerecht und gerade und nimm das Essen an. Nimm eine zufriedenstellende Menge, von der du nichts übriglassen musst, und egal, ob es viel oder wenig ist, signalisiere mit der Hand, wenn du genug hast.[63] Generell gilt, dass du bei der Entgegennahme von Speisen nicht nach den Utensilien aus den Händen des Servierenden greifen und dir nicht herausnehmen sollst, was du möchtest. Nimm das Essen nicht an, indem du deine Schale in den gemeinschaftlichen Essensbehälter drückst oder sie dem Gehilfen zu diesem Zweck überreichst. Ein altes Sprichwort sagt: „Nimm das Essen mit der

---

[63] Durchs Heben einer Hand mit nach oben weisender Handfläche.

richtigen Absicht und Suppe und Reis mit gleich hohen Schalen an. Iss Suppe und Reis zusammen und im Wechsel."

Nimm keine Speisen entgegen, während du deine Arme auf den Knien abstützt. Wenn ein Gehilfe in Eile ist und einige Körner oder Krümel fallen lässt oder etwas Gemüsesuppe in deine Schalen spritzt, musst du das natürlich annehmen. Wenn der Ino noch nicht das tsui chin geschlagen hat, um zu verkünden, dass alle bedient wurden, solltest du keine Opfergabe an die Geister machen. Wenn du das tsui chin hörst, vollziehe Gassho und verbeuge dich vor dem Essen und mache die fünf Kontemplationen:

> Erstens denke darüber nach, wie groß die Anstrengung war, die dir diese Nahrung gebracht hat, und überlege, woher sie kommt. Zweitens denke darüber nach, ob deine Tugend und Praxis es wert sind, diese Gabe zu erhalten. Drittens: Um den Geist zu schützen, ist es wichtig, Gier, Hass und Verblendung aufzugeben. Viertens ist diese gute Medizin wirklich dazu da, deinen zerbrechlichen Körper zu heilen. Fünftens erhältst du jetzt diese Nahrung, um den Weg Buddhas zu vollenden[64].

Danach beende die Kontemplation. Solange du die Kontemplationen nicht beendet hast, darfst du keine Speiseopfer für

[64] Jap. jodo, ein Synonym für Buddhas Erwachen.

die Wesen[65] darbringen. Für die Geisteropfer nimm sieben Reiskörner mit Daumen und erstem Finger deiner rechten Hand und lege sie auf die Spitze des Griffs des Schalenreinigungsstabs oder auf den Rand des Platzdeckchens.

Im Allgemeinen sollten die Opfergaben nicht größer als sieben Reiskörner sein, oder für Dinge wie Reiskuchen oder Nudeln nicht größer als eine halbe große Münze.[66] Nach den Opfergaben für die Geister mache Gassho und bleibe still.

Die Art und Weise, wie man den morgendlichen Haferschleim isst, ist folgende: Man nimmt den Haferschleim in die erste Schale (zuhatsu) und stellt sie auf den Schalenständer. Wenn die Zeit nach den fünf Kontemplationen gekommen ist, nimm die zweite Schale (zukun) mit der rechten Hand und lege sie waagerecht auf deine linke Hand, die Fingerspitzen ein wenig gebogen, um die Schale zu stützen. Als nächstes nimmst du mit der rechten Hand den Löffel und schöpfst den Haferschleim aus der ersten Schale in die zweite Schale. Halte dabei die zweite Schale knapp links von der ersten Schale, führe die zweite Schale zum Mund und iss den Brei mit dem Löffel. Tue dies mehrmals, bis der Brei in der ersten Schale fast aufgebraucht ist. Stelle dann die zweite Schale wieder auf das Platzdeckchen, nimm die erste Schale und iss den Brei zu Ende. Nachdem du den Reinigungsstab

---

[65] Jap. saba.

[66] In einer späteren Version des Eihei Shingi heißt es: „Heutzutage bringen wir beim Frühstück keine geistigen Opfergaben dar, obwohl sie dies in alten Zeiten taten. Legt keine Geisteropfer mit eurem Löffel oder euren Essstäbchen aus."

benutzt hast, stellst du die erste Schale wieder auf ihren Ständer. Nimm die zweite Schale, iss den Brei, der noch darin ist, und benutze auch dafür den Reinigungsstab. Warte dann auf das Wasser, um die Schalen zu waschen.

Beim Essen gilt: Hebe die Schalen zum Essen an den Mund. Man soll nicht essen, indem man die Schalen auf dem Tisch abstellt und den Mund darüber hält. Buddha sagte: „Seid nicht arrogant beim Essen, sondern esst mit Ehrfurcht. Wenn ihr euch überheblich verhaltet, seid ihr wie ein kleines Kind oder eine zügellose Frau." Die obere Hälfte der Schale gilt als rein, die untere Hälfte als unrein.

Legen deinen Daumen auf den Teil der Schale, der dir zugewandt ist, und berühre mit deinem ersten und zweiten Finger den Teil der Schale, der von dir abgewandt ist, ohne die letzten beiden Finger zu benutzen. Befolge diese Vorgehensweise, egal ob du die Schalen mit der Handfläche nach oben oder nach unten nimmst.

Der Tathagata und seine Jünger aßen, indem sie den Reis mit ihren Händen zu Kugeln rollten, wie es sich für den Buddha im alten Indien gehörte. Sie benutzten weder Löffel noch Stäbchen. Die Kinder des Buddha sollten dies wissen. Kaiser, weise raddrehende Könige und Herrscher von Nationen aßen ebenfalls, indem sie mit ihren Händen Reis zu Kugeln rollten. Wir sollten wissen, dass dies die respektable Art war. In Indien benutzten kranke Mönche Löffel, aber alle anderen benutzten ihre Hände. Sie kannten den Namen und die Form der Stäbchen noch nicht. Wir können sehen, dass Essstäbchen nur in den Ländern diesseits von China benutzt werden. Jetzt verwenden wir sie im Einklang mit dem Stil des Landes und den Bräuchen der Region. Obwohl wir bereits Nachkommen der Buddhas und Vorfahren sind und dem Anstand des Buddha folgen wollen, ist die Art und Weise, mit den Händen zu essen, längst überholt, und so haben wir keinen Lehrer, der uns den alten Weg zeigt. Deshalb benutzen wir seit einiger Zeit Löffel und Stäbchen und mehrere Schalen (kunsu).

Wenn du die Schale aufnimmst oder abstellst, und auch wenn du den Löffel oder die Stäbchen aufhebst, mache keine Geräusche. Nimm beim Essen keinen Reis aus der Mitte der Schale heraus, um zu hetzen oder den Eindruck zu erwecken, dass du mehr brauchst. Wenn du nicht krank bist, verlange nicht nach zusätzlicher Suppe oder Reis für dich selbst. Bedecke die Suppe nicht mit Reis in der Hoffnung, mehr zu bekommen. Schaue nicht neidvoll in die Schalen anderer Mönche. Iss einfach, deine Aufmerksamkeit auf deine Schalen konzentriert.

Versuche nicht, zu große Reiskugeln oder Bissen zu essen. Wirf keine Reiskugeln in deinen Mund. Nimm kein Essen und lass es dann ungegessen liegen, um es wegzuwerfen. Mach keine Geräusche beim Kauen deines Essens. Schlürfe dein Essen nicht laut herunter. Lecke nicht an deinem Essen.[67] Buddha sagte: „Wir sollten nicht unsere Zunge

---

[67] Auch diese und folgende sind Regeln aus dem Zen'en Shingi, die dort wiederum – ohne deren erklärende Anekdoten und Ausnahmen – aus dem Shibun Ritsu übernommen wurden.

herausstrecken oder unsere Lippen lecken, wenn wir essen." Das müssen wir lernen.

Fuchtel nicht mit den Händen herum, wenn du isst. Stütze deine Ellbogen nicht auf den Knien ab, wenn du isst. Verstreue dein Essen nicht, spiele nicht damit. Buddha sagte: „Verstreut beim Essen nicht euer Brot oder euren Reis wie ein Huhn." Nimm dein Essen nicht mit schmutzigen Händen auf. Mache beim Essen keinen Lärm, indem du dein Essen umrührst oder schlürfst. Buddha sagte: „Häufe dein Essen nicht wie einen Stupa auf."

Fülle die Schalen nicht bis zum Überlaufen. Mische keine Suppe in den Reis in der ersten Schale. Rühre keine Beilagen in die erste Schale, um sie mit dem Reis zu vermischen, bevor du sie isst. Iss nicht in großen Bissen, wie ein Affe, der das Essen in seiner Backe aufbewahrt und daran nagt. Generell gilt: Egal, ob du auf der linken oder rechten Seite des Saales sitzt, iss nicht zu hastig oder zu gemächlich. Du darfst auf keinen Fall dein Essen überstürzen und dann die Arme verschränken und dich in der Runde umsehen. Wenn noch kein Nachschlag angekündigt wurde, wisch deine Schalen nicht ab und lass dir nicht das Wasser im Mund zusammenlaufen, weil du noch mehr essen möchtest. Lasst nicht grob etwas übrig in der Hoffnung, mehr Reis oder Suppe dazu zu bekommen.

Kratz dich nicht am Kopf und lass die Schuppen nicht in deine Schalen fallen. Du solltest deine Hände sauber halten. Schüttle deinen Körper nicht, halte dir nicht die Knie, sitze nicht gebückt, gähne nicht und schniefe nicht laut. Wenn du niesen musst, halte dir die Nase zu. Wenn du etwas zwischen den Zähnen entfernen musst, solltest du deinen Mund bedecken. Lege ungenießbare Reste oder Obstkerne außer Sichtweite hinter deine Schalen, wo sie den Unmut deiner Nachbarn nicht erregen können.

Wenn in der Schale deines Nachbarn Essens- oder Obstreste liegen, nimm sie nicht an, auch wenn sie dir angeboten werden.

Wenn es in der Halle heiß ist, bitte die dienenden Mönche nicht, dir zuzufächeln. Wenn dein Nachbar jemand ist, der den Luftzug meidet, dann benutze selbst keinen Fächer. Wenn du selbst Zugluft fürchtest, sage es dem Ino und iss deine Mahlzeit in der äußeren Halle. Wenn du etwas brauchst, weise darauf hin, anstatt laut zu rufen. Wenn nach dem Essen etwas in den Schalen übrigbleibt, wische es mit dem Reinigungsstab auf und iss es.

Öffne deinen Mund nicht weit und versuche nicht, riesige Löffel voll zu essen, so dass das überschüssige Essen in deine Schalen fällt oder eine Sauerei auf deinem Löffel hinterlässt. Buddha sagte: „Während du darauf wartest zu essen, öffne deinen Mund nicht. Sprich auch nicht, während das Essen in deinem Mund ist." Buddha sagte: „Bedecke deinen Reis nicht mit Suppe, Gemüse oder anderen Beilagen in der Hoffnung, mehr zu bekommen." Dies sollte studiert werden. Buddha sagte: „Wenn du isst, schnalze nicht mit der Zunge und räuspere dich nicht hörbar im Hals. Puste nicht auf dein Essen, um es zu erwärmen, und blase nicht auf dein Essen, um es abzukühlen." Bitte studiere auch dies.

Im Allgemeinen nimmt man drei kleine Löffel Reis für einen vollen Mund. Buddha sagte: „Iss nicht eine extrem kleine oder extrem große Portion, sondern eine moderate Menge." Iss so, dass der Löffel gerade in den Mund zeigt und nichts davon herunterfällt. Lass keine Miso-Stücke oder Reiskörner auf dein Schoßtuch fallen. Wenn doch etwas Essen auf dein Tuch fällt, lege es so zusammen, dass du es einem Gehilfen geben kannst. Wenn der Reis noch von Hülsen umgeben ist, entferne diese vor dem Essen mit den Fingern. Wirf den Reis nicht weg, aber iss ihn nicht, bevor du die Spelzen entfernt hast.

Im „Sutra der dreitausend Haltungen" heißt es: „Wenn du etwas siehst, das nicht zum Verzehr bestimmt ist, dann iss es nicht. Aber lass deine Nachbarn nichts davon wissen. Spucke auch nicht in dein Essen." Wenn in den Schalen der ehrwürdigen Mönche etwas übrigbleibt, sollte es nicht für später aufbewahrt werden, sondern muss den Gehilfen gegeben werden. Nach den Mahlzeiten soll der Geist, der an Essen denkt, ausgeschaltet werden. Im Allgemeinen soll man während der Mahlzeiten nur der Dharma des Prinzips des Weges, kein einziges Korn zu verschwenden, schätzen und kontemplieren. Dies ist genau die Manifestation der Gleichheit von Dharma und Essen.

Mache keine Geräusche, wenn du mit dem Löffel oder den Stäbchen über die Schalen kratzt, denn dadurch wird der

Lack der Schalen beschädigt. Wenn die Oberfläche einer Schale abgeplatzt ist, setzt sich Schmutz darin fest, so dass sie schwer zu reinigen ist. Wenn du das heiße Wasser aus der ersten Schale trinkst, solltest du es nicht im Mund herumschwappen lassen und Geräusche machen. Spucke es nicht in die Schalen oder anderswo aus. Verwende dein Schoßtuch nicht zum Abwischen von Gesicht, Kopf oder Händen.

Die Art und Weise, wie du die Schalen reinigst, ist folgende: Berühre deine Schalen nicht mit den Ärmeln deines Gewandes. Fülle heißes Wasser in die erste. Benutze den Schalenreinigungsstab und drehe die Schale im Uhrzeigersinn, um den Schmutz zu entfernen, bis sie sauber ist. Gieße dann das Wasser in die zweite Schale und drehe die erste Schale mit der linken Hand, während die rechte Hand die erste Schale innen und außen mit dem Reinigungsstab säubert. Nachdem du sie auf diese Weise gesäubert hast, nimm die Schale in die linke Hand und falte das Wischtuch mit der rechten Hand über der Schale aus. Wische die erste Schale ab und trockne sie, indem du sie in beiden Händen im Uhrzeigersinn drehst. Lege dann das Wischtuch in die Schale, ohne dass etwas davon aus der Schale heraushängt.

Stelle die erste Schale auf den Ständer, wasche den Löffel und die Stäbchen in der zweiten Schale und wische sie mit dem Wischtuch ab. Achte dabei darauf, dass kein Teil des Wischtuchs aus der Schale herausragt. Stecke den getrockneten Löffel und die Essstäbchen in den Utensilienbeutel und lege ihn waagerecht zwischen dich und die Schalen. Um die zweite Schale in der dritten Schale zu waschen, nimm die zweite Schale und das Putzstäbchen in die linke Hand und schiebe mit der rechten Hand die dritte Schale dorthin, wo die zweite Schale gestanden hat. Dann gieße das Wasser in die dritte Schale und wasche die zweite Schale. In gleicher Weise wasche die dritte und vierte Schale.

Wasche den Löffel, die Essstäbchen und die anderen Schalen nicht in der ersten Schale. Wasche zuerst die erste Schale, dann den Löffel und die Essstäbchen, und dann die zweite, dritte und vierte Schale. Wische die Schalen vollständig trocken und stelle sie in die erste Schale, in der gleichen Reihenfolge, wie sie ursprünglich waren. Trockne dann den Putzstock ab und stecke ihn in den Utensilienbeutel.

Falte dein Schoßtuch erst, wenn du das Reinigungswasser in die Eimer der Gehilfen ausgegossen hast. Schütte das restliche Wasser nicht auf den Boden. Buddha sagte: „Lasst kein zusätzliches Essen in der Schale mit dem Reinigungswasser." Wir sollten dies studieren. Wenn der Wassereimer kommt, mache zuerst Gassho und gieße dann dein Wasser in den Eimer. Gieße das Wasser nicht auf die Gewandärmel des Gehilfen. Wasche deine Hände nicht im Wasser. Das Wasser sollte nicht auf den unreinen Boden geschüttet werden.[68]

Die Schalen nach der ersten Schale sollten mit beiden Daumen und Zeigefingern in die größere Schale gestellt werden. Als Nächstes nimmst du die Schalen mit der linken Handfläche nach oben und dem Daumen oben und stellst sie in die

[68] Sondern etwa zu Pflanzen.

Mitte der Tücher. Nimm mit der anderen Hand die nahe Kante des Platzdeckchens, falte es dann mit beiden Händen über die Schalen und lege es darauf. Als Nächstes falte die dir zugewandte Ecke des Wickeltuchs über die Schalen und falte dann die Ecke, die über den Rand der Plattform hängt, wieder zu dir hin.

Als Nächstes lege den Utensilienhalter auf das Schoßtuch, das gefaltet über das Wickeltuch gelegt wurde. In früheren Zeiten wurde der Reinigungsstab über das Wickeltuch gelegt, jetzt wird er in den Utensilienhalter gesteckt. Dann entfaltet man das Wischtuch über dem Utensilienhalter, das zusammengefaltet in der linken Hand gehalten wurde, während die Schalen ineinander gestapelt wurden. Nimm mit deinen Händen die linke und rechte Ecke des Wischtuchs und binde sie über der Mitte der Schalen zusammen. Binde die Ecken so zusammen, dass beide Enden nach rechts zeigen; zum einen, um zu zeigen, welche Seite der Schalen dir zugewandt sein soll, zum anderen, um das Aufbinden der Tücher zu erleichtern.

Nach dem Einpacken der Schalen mache Gassho, sitze still und warte auf das Signal zum Verlassen der Halle, das darin besteht, dass das tsui chin angeschlagen wird. Manjushris Jisha sitzt in der äußeren Halle auf dem Platz nach dem Jisha des Abtes. Wenn es Zeit für Manjushris Jisha ist, das tsui chin zu schlagen, steigt er zuerst von seinem Sitz herunter und verbeugt sich, dann betritt er die innere Halle in Gassho und verbeugt sich vor Manjushri. Dann geht er zur Südseite des

Räucherständers, geht zur Westseite oder Rückseite des tsui chin und verbeugt sich. Der Jisha wartet in Shashu darauf, dass der Abt und die ganze Sangha ihre Schalen einpacken, geht zum tsui chin und schlägt es an. Dann macht der Jisha Gassho, bedeckt das tsui chin mit seinem Stofftuch und verbeugt sich erneut.

Im Fall von Eiheiji rezitiert der Ino, während er das tsui chin hört, den Vers „Bestehen in der Welt“[69]. Dies ist das traditionelle Ritual von Mönchsaufseher (sojo) Yojo [Eisai], also folgen wir ihm vorerst. Danach verlässt der Abt die Halle. Wenn der Abt absteigt von seinem Sitz, zieht sich Manjushris Jisha vom tsui chin hinter den Vorhang um Manjushri zurück, um nicht sichtbar zu sein, wenn der Abt sich vor Manjushri verbeugt.

Als Nächstes erhebt sich die Gruppe und hängt ihre Essschalen auf. Hebe zunächst die Schalen mit beiden Händen an, stelle dich dann hin und drehe dich in Richtung des Katatan-Namensschildes an der Rückseite der Plattform. Während die linke Hand die Schalen stützt, hake sie mit der rechten Hand an den Aufhänger. Dann mache Gassho und drehe dich zur Vorderseite deines Platzes und steige von der Plattform hinunter. Senke bewusst deine Füße, ziehe deine Sandalen an und verbeuge dich vor deinen Nachbarn, indem du dich vor deinem Sitz verbeugst, so wie du es tust, wenn in

---

[69] „In der Welt existierend wie der weite Raum, wie eine Lotusblume, die nicht am schlammigen Wasser hängt, geht die Reinheit des Geistes darüber hinaus. Wir verneigen uns vor dem unübertroffenen Weltgeehrten.“

der Mönchshalle Tee angeboten wird (daiza chato)[70], wenn du die Halle betrittst oder verlässt, oder wenn du vom Sitz auf- oder absteigst. Dann lege dein Zafu unter das Podest und verlasse die Halle.

Wenn nach dem Frühstück kein Treffen stattfindet, wird die Hosan-Glocke drei Mal angeschlagen. Wenn es eine morgendliche Versammlung [chosan] geben wird, wird die Glocke nicht angeschlagen. Wenn es einen Spender für die Mahlzeit gab, dann geht der Abt auch nach dreimaligem Schlagen der Hosan-Glocke (zur Entlassung der Mönche) in die Dharma-Halle, um einen Vortrag für Spender zu halten. Nach dem Tee, der in der Mönchshalle angeboten wird, verbeugt sich der Abt ebenso vor Manjushri, und nachdem er gegangen ist, wird die Hosan-Glocke drei Mal geschlagen.

Wenn der Leiter oder der Obermönch in der Halle Tee anboten, kehren sie, nachdem sie den Abt hinausbegleitet haben, vor Manjushri zurück und verbeugen sich vor den Mönchen auf beiden Seiten der Halle. Dann werden die Tassen herausgetragen, und die Glocke wird drei Mal zum Verlassen der Halle geschlagen.

Danach erheben sich die Mönche von ihren Sitzen und verlassen die Halle auf dieselbe würdevolle Weise, wie sie sie betreten haben. Mit jedem Atemzug einen halben Schritt zu machen, ist der Dharma des Gehens für Menschen, die aus der Meditation kommen.

---

[70] Vier Mal im Jahr bieten Abt oder Versammlungsleiter Tee an: zu Neujahr, zur Wintersonnenwende, zu Beginn und Ende der Sommerübungsperiode.

Regeln für den Studiensaal (Shuryo Shingi)[71]

Für den Kichijosan Eiheiji-Tempel

Der Anstand in der Studienhalle bedeutet, die Gebote der Buddhas und der Vorfahren zu respektieren, die Anweisungen für das Benehmen der großen und kleinen Fahrzeuge zu befolgen und den reinen Vorschriften von Baizhang zu entsprechen. Das Zen'en Shingi sagt: „Alle Angelegenheiten, ob groß oder klein, sollten in Übereinstimmung mit den Vorschriften sein." Deshalb solltet ihr das Brahmanetz-Sutra, das Juwelenschmuck-Sutra und auch das „Sutra der dreitausend Haltungen" studieren.

Lest in der Studienhalle die Mahayana-Sutras und auch die Sprüche unserer Vorfahren und befolgt die Anweisungen unserer Tradition, um den Geist mit den alten Lehren zu erleuchten. Mein verstorbener Lehrer Tiantong Rujing fragte in einem Vortrag: „Habt ihr jemals das ‚Sutra der letzten Anweisungen' (Yuikyogyo) studiert?" Die gesamte reine Sangha sollte in der Achtsamkeit verweilen, dass jeder in der Studienhalle die Eltern, Geschwister, Verwandten, Lehrer und guten Freunde des anderen ist. Kümmert euch in gegenseitiger Zuneigung wohlwollend umeinander, und wenn ihr eine Ahnung davon habt, dass es sehr schwierig ist, einander

---

[71] Die Studien- oder Versammlungshalle ist wie die Mönchshalle aufgebaut, in ihr wird jedoch Avalokiteshvara verehrt; statt Schränken fürs Bettzeug befindet sich am Ende jedes Platzes ein kleiner Schreibtisch.

so zu begegnen, zeigt dennoch einen Ausdruck von Harmonie und Entgegenkommen.

Wenn jemand etwas Falsches sagt, sollte man es abmahnen. Wenn man Anweisungen erhält, sollte man sie annehmen. Das sind sehr nützliche Erfahrungen. Kann man das nicht als den großen Vorteil von vertrauten Beziehungen betrachten? Dankbar verkehren wir mit guten Freunden, die viele heilsame Eigenschaften besitzen, und haben das Glück, Zuflucht zu den drei Schätzen zu nehmen, die bewahrt worden sind[72]. Ist das nicht auch eine große Freude? Sogar die Beziehungen von weltlichen Geschwistern sind nicht vergleichbar mit denen von Menschen aus anderen Familien: Geschwister in Buddhas Familie sollten einander näherstehen als sich selbst.

Der Hohepriester Huanglong Huinan sagte: „Sogar die gemeinsame Überfahrt im selben Boot kommt von der Beziehung in früheren Leben, haben wir also nicht eine noch stärkere frühere Verbindung, wenn wir für eine neunzigtägige Sommer-Übungsperiode zusammenbleiben?“ Ihr solltet wissen, dass wir vorübergehend Gast und Gastgeber sind, aber in unserem ganzen Leben werden wir nichts anderes sein als Buddhas und Vorfahren.

In der Studienhalle sollten wir nicht mit lauter Stimme Sutras lesen oder Gedichte anstimmen und damit die reine Sangha lautstark stören. Erhebt nicht ungestüm eure Stimme,

---

[72] Drei Schätze, die bewahrt worden sind (jap. juji sanbo), sind Buddha-Bilder, Sutren und die Gemeinschaft der Übenden.

um Dharani[73] zu rezitieren. Es ist auch unhöflich, vor anderen einen Juzu (Rosenkranz) zu benutzen. Alle Dinge sollten ruhig getan werden.

Ladet keine Besucher in den Studiensaal ein, um mit ihnen zu plaudern. Führt auch keine Gespräche mit Kaufleuten, Ärzten, Wahrsagern oder anderen Geschäftsleuten dieser Art. Wenn ihr Gespräche mit Geschäftsleuten führt, meidet den Bereich des Studiensaals.

In der Studienhalle sollte man sich nicht zu Gesprächen zusammenfinden und nicht schamlos dumme Witze reißen. Selbst wenn wir in eine Situation kommen, in der wir lachen können, sollten wir bei den vier Wohnstätten der Achtsamkeit[74] verweilen und uns auf die drei Zufluchtsorte verlassen. Wie ein Fisch in einem schwindenden Teich – welche Freude kann es da geben? Sprecht oder lacht im Allgemeinen nicht mit den Leuten neben euch. Wenn ihr so sein könnt, ist der Aufenthalt in der Gemeinschaft wie ein Aufenthalt in den ruhigen Bergen.

In der Studienhalle sollt ihr nicht zu den Schreibtischen der anderen gehen und prüfen, was sie lesen, und so die Ausführung des Weges von euch selbst und anderen behindern. Solche Behinderung ist das, was für Mönche am schmerzhaftesten ist.

---

[73] Gesänge, z. B. Mantra, mit besonderer Kraft.

[74] Jap. shinenju: die Unreinheit des Körpers, das Leiden der Empfindungen, die Unbeständigkeit des Geistes, die Substanzlosigkeit der Wesen.

Wenn in der Studienhalle etwas gegen die Regeln geschieht, sollte der Obermönch der Studienhalle oder ein tugendhafter älterer Mönch bei kleinen Angelegenheiten Ermahnungen aussprechen. Größere Angelegenheiten sollten dem Ino zur Erledigung gemeldet werden. Anfänger und reife Neuankömmlinge[75] sollten mit harmonischem Respekt und Einfühlungsvermögen korrigiert werden. Ob sie es akzeptieren oder nicht, wird deutlich zeigen, ob sie den Geist des Weges haben. Das Zen'en Shingi sagt: „Rede, Aktivität, Routine und Verhalten sollten von den Kriterien der Gemeinschaft bestimmt werden. Alles sollte im Detail erklärt werden." Wir sollten uns mitfühlend um unsere Junioren kümmern, als wären sie neugeborene Babys. Dies ist der unerschütterliche Geist erfahrener Praktizierender.

Führt in der Studienhalle keine Gespräche über weltliche Angelegenheiten, Angelegenheiten des Ruhmes und des Profits, die politischen Intrigen des Landes oder die grobe oder schwache Qualität der Opfergaben an die Sangha. Dies wird als sinnlose, nutzlose, schändliche und schamlose Rede bezeichnet und sollte entschieden zurückgehalten werden. Außerdem sind wir weit von der Zeit des Weisen Shakyamuni entfernt und haben die Haltung des Weges noch nicht vollendet. Unser Körper ist unbeständig, unsere Zeit ist schwer festzuhalten. Deshalb schätzen die Mönche in den zehn Richtungen in Flickengewändern ihre Zeit und müssen so fleißig sein, als ob sie ihre Köpfe vor dem Feuer bewahren. Strengt

[75] Jap. bangaku, die in fortgeschrittenem Alter mit der Übung beginnen.

euch an und vergeudet diese Zeit nicht mit müßigem Geplauder.

Der Hohepriester Shitou meinte: „Ich sage denjenigen, die das Tiefgründige studieren, aufrichtig: Vergeudet nicht eure Zeit!“[76] Stört nicht den würdevollen Anstand in der Studienhalle. Macht Gassho und verbeugt euch gemäß dem Dharma. Schätzt dies nicht gering. Vernachlässigt generell zu keiner Zeit den Dharma.

Wer kann in der reinen Gemeinschaft des großen Ozeans in der Studienhalle als gewöhnlich oder weise eingeschätzt werden? Das wäre genauso töricht, wie die Person anhand ihres Aussehens zu beurteilen. Als der Weltgeehrte in der Welt war, gab es in seiner Gemeinschaft einen blinden Mönch und einen Mönch, der wie eine Kuh wiederkäute.[77] Mehr noch, im Schein- oder im letzten Zeitalter des Dharma[78] mit seinen sich verschlechternden Umständen sollten wir nur unsere Verbundenheit mit der Lehre schätzen. Wie könnten wir unsere Mitpraktizierenden abweisen? Selbst wenn ihre Roben abgenutzt und schäbig sind und ihre Ausrüstung alt und

---

[76] Siehe das Ende des Sandokai.

[77] Es handelt sich um Aniruddha, der bei einem Vortrag Buddhas einschlief und dann gelobte, dies nie wieder zu tun, woraufhin er sein Augenlicht einbüßte, aber seherische Fähigkeiten entwickelte; und um Cavampati, der über einen Mönch witzelte und darum im folgenden Leben seinen Mund wie eine Kuh bewegte, jedoch zum herausragenden Kenner des Mönchskodex Vinaya wurde.

[78] Das Schein- (jap. zoho) und das letzte (jap. mappo) Zeitalter des Dharma sind diejenigen, wo nur noch Praxis und Lehre (ohne Erwachen) bzw. nur noch die Lehre vorhanden sind.

beschädigt ist, sollten wir sie nicht mit gewöhnlichen Augen betrachten. Missachtet sie nicht.

Von alters her haben die Menschen des Weges keine blumigen Gewänder getragen und nur einfache Werkzeuge benutzt. Wir sollten diejenigen, die aus bescheidenen Familien stammen, nicht verunglimpfen oder über Anfänger lachen. Selbst wenn ihr selbst ausgelacht werdet, solltet ihr nicht wütend werden und es nicht übelnehmen. Darüber hinaus kann die bescheidenste Person die höchste Weisheit haben, und die ranghöchste Person kann einen Mangel an Absicht und Weisheit zeigen. Erinnert euch einfach an die Worte des Buddha: „Wenn die vier Flüsse in den Ozean fließen, behalten sie nicht ihre ursprünglichen Namen; wenn diejenigen aus den vier Kasten ihr Zuhause verlassen, um Mönche zu werden, werden sie alle gleichermaßen als Shakya-Klan bezeichnet."

Es ist unhöflich, wenn jede Person im Studiensaal ein Buddha- oder Bodhisattva-Bild an ihrem eigenen Schreibtisch aufstellt. Auch dürfen keine Bilder aufgehängt werden.

Wenn Mönchsbrüder in der Studienhalle einander besuchen, sollten sie dies immer mit Anstand tun, indem sie entweder ihre Okesa tragen oder sie über den linken Arm hängen lassen, je nach Anlass. Wenn sie ohne Anstand zu Besuch kommen, ohne die Okesa zu tragen oder sie über den linken Arm zu hängen, solltet ihr sie nicht treffen.

Wenn ihr an eurem Schreibtisch in der Studienhalle sitzt und einen Mitmönch auf euch zukommen seht, steigt zuerst ab und stellt euch an die Plattform. Entsprechend dem Stil der ankommenden Person tragt ihr entweder die Okesa oder hängt sie über euren linken Arm und verbeugt euch oder macht eine formlose volle Niederwerfung[79]. Das Zusammentreffen sollte auf diese Weise mit würdevoller Haltung erfolgen.

Die Mitmönche in der Studienhalle sollten nicht wahllos zwischen der linken und der rechten Seite der Halle hin- und hergehen. Diskutiert auch nicht, ob andere anwesend sind oder nicht. Schaut euch nicht nacheinander an den Schreibtischen der einzelnen Personen um.

An eurem Platz in der Studienhalle solltet ihr die Gemeinschaft nicht beleidigen, indem ihr euch nachlässig hinlegt oder gegen die Bretter am Ende des Podiums lehnt oder eure Beine oder euren Körper entblößt. Ihr solltet an das Beispiel der alten Weisen und früheren Würdenträger denken, die unter Bäumen oder auf freiem Feld saßen.

In der Studienhalle bewahrt die reine Sangha keine Gold- oder Silbermünzen, Seide oder andere unreine Schätze auf. Dies ist die letzte Ermahnung des alten Buddha. Als der erste Vorfahr in Indien, der Ehrwürdige Mahakashyapa, noch zu Hause lebte, war seine Familie tausendmal reicher als König Bimbisara. In den sechzehn großen Staaten Indiens konnte es niemand mit ihm an Reichtum aufnehmen. Als er jedoch sein Haus verließ, um den Weg zu praktizieren, ließ er sein Haar

---

[79] Jap. sokurei; hierbei wird das zagu zusammengefaltet und waagerecht vor dem sich verbeugenden Mönch auf den Boden gelegt, statt es auszubreiten.

und seinen Bart lang wachsen, und seine Kleidung war zerschlissen und aus alten, weggeworfenen Lumpen[80] gemacht. Er änderte diesen Stil nie, bis er die Welt verließ. Ein Mensch mit dem Geist des Weges sollte dies nicht ignorieren. Selbst der Hohe Vorfahr [koso] Mahakashyapa war so, wie könnten also gewöhnliche Schüler der jüngeren Zeit nicht selbst diesen Geist der Praxis beibehalten?

In der Aula sollte man sich nur mit leiser Stimme unterhalten. Macht keine Geräusche mit euren Hausschuhen. Stört auch nicht durch Spucken oder Husten. Lasst euch nicht von der Pracht und dem Glanz der japanischen weltlichen Literatur einnehmen. Ihr solltet euch mit den einfachen und wahren Aussprüchen der Buddhas und Vorfahren vertraut machen. Wenn ihr die Aussprüche der Buddhas und Vorfahren diskutiert, solltet ihr keine schallende Stimme benutzen. Solche Dinge sind für die Gemeinschaft unhöflich.

In der Studienhalle sollten selbst erfahrene Senioren nicht unhöflich zu anderen Mönchen sein. Wenn sie den Anstand der Sangha verletzen, sollte der Ino sie deutlich korrigieren.

Wenn ihr eure Bademäntel, Schals oder andere Gegenstände nicht finden könnt, solltet ihr zunächst einen Aushang in der Aula machen. Auf diesem sollte stehen: „In dieser Studienhalle hat dieser und jener Mönch zu einer bestimmten Zeit einen bestimmten Gegenstand verloren. Wenn jemand ihn findet, hänge er bitte eine entsprechende Notiz auf."

---

[80] Jap. funzo'e, ein traditionell „aus Müll und Exkrementen gemachtes Gewand".

Urteile über Diebstahl sollten mit den reinen Regeln übereinstimmen. Greift nicht willkürlich jemanden an. Wir sollten auch mit den Worten von Zen-Meister Daixiao vertraut sein.[81]

Wenn ihr etwas in der Studienhalle findet, gebt ein Zeichen, dass ihr es habt.

In der Studienhalle dürfen keine weltlichen Bücher, Schriften über Astrologie oder Geomantie, Schriften anderer Religionen oder Bände mit chinesischer oder japanischer Poesie aufbewahrt werden.

Im Studiensaal dürft ihr keine Gegenstände wie Pfeil und Bogen, Speere und Keulen, Schwerter, Helme und Rüstungen aufbewahren. Bewahrt generell keine militärische Ausrüstung auf. Wenn jemand Kurzschwerter oder ähnliches hortet, muss er sofort aus dem Tempel verwiesen werden. Geräte, die gegen Verbote verstoßen, dürfen niemals in die Studienhalle gebracht werden.

Streich- und Blasinstrumente oder Instrumente für die Hofmusik dürfen nicht im Studiensaal aufbewahrt werden.

Bringt keinen Alkohol, kein Fleisch und keines der fünf scharfen Lebensmittel[82] mit in den Studiensaal. Generell

---

[81] Daixiao war für die Gedenkstupa des Sechsten Patriarchen und seine Mumie verantwortlich. Jemand versuchte, diese zu enthaupten, wurde aber gefasst. Als man fragte, wie mit dem Täter zu verfahren sei, meinte Daixiao: „Nach unseren Landesgesetzen wäre er hinzurichten, aber im Buddhismus werden Freund und Feind gleichbehandelt. Offenbar wollte er den Kopf sogar verehren. Man sollte ihm verzeihen." (siehe Keitoku Dentoroku)

[82] Meerrettich, Lauch- und Zwiebelarten.

sollten Fleisch, Knoblauch, Zwiebeln oder stark riechendes Gemüse nicht in die Nähe des Studiensaals gebracht werden.

Wenn ihr in der Studienhalle an einem Ort zusammensitzt, sollten die Jüngeren, sobald eine unangenehme Aufgabe zu erledigen ist, sie gerne zuerst erledigen. Das ist der Anstand der Mönche. Junge Schüler sollten nicht auf ihrem Platz bleiben und den Älteren dabei zusehen, wie sie unangenehme Aufgaben verrichten, denn das wäre unhöflich. Wenn es etwas Angenehmes zu tun gibt, bietet es den Älteren an. Diese Haltung ist das wahre Dharma des Buddha.

Wenn die Praktizierenden in der Studienhalle etwas nähen müssen, sollen sie es an den Nähtisch im Gang hinter der Studienhalle bringen. Wenn ihr näht, solltet ihr euch nicht zum Klatschen versammeln oder mit lauter Stimme reden. Ihr solltet euch an die beständige Praxis der Buddhas und Vorfahren erinnern.

Diese Studienhalle ist ein öffentlicher Raum des Dojo[83]. Selbst wenn er seinen Kopf und seinen Bart rasiert hat, sollte es einem Mönch, der sich nicht wie ein Mönch benimmt, nicht erlaubt sein, die Studienhalle zu betreten oder zu umrunden oder darin zu übernachten. Selbst wenn er ein würdiger Mönch ist, sollte es dem Mönch nicht erlaubt sein, in der Studienhalle zu übernachten, wenn er nur auf Reisen ist. Lasst ihn nicht in der Studienhalle umherwandern, denn das würde die reine Sangha stören.

---

[83] Ein Ort der Praxis, der Verwirklichung des Weges; im Sanskrit bodhimandala, der Ort von Buddhas Erwachen.

Beschäftigt euch in der Studienhalle nicht mit weltlichen Aktivitäten.

Die oben angeführten Regeln sind Beispiele, die von den alten Buddhas hinterlassen wurden. Mögen sie in diesem Kloster für alle Zeiten befolgt werden.

Geschrieben im ersten Monat des dritten Jahres von Hoji [1249].

Der Dharma bei der Begegnung mit hochrangigen Lehrern von fünf Sommer-Übungsperioden (Taitaiko Gogejariho)

1. Wenn du dich mit älteren Ausbildern (taiko) triffst, die fünf Sommer lang geübt haben, solltest du deine Okesa tragen und dein Zagu mitnehmen.

2. Trage die Okesa nicht über beide Schultern.[84] Ein Sutra sagt: „Wenn Mönche den Buddha oder andere Mönche oder Ältere (joza) treffen, sollten sie die Okesa nicht über beide Schultern tragen. Wenn sie das tun, werden sie nach ihrem Tod in die Hölle der eisernen Fesseln kommen."

3. Wenn du einem älteren Mönch begegnest, lehne dich nicht mit gekreuzten Beinen stehend an etwas an.

4. Wenn du einem älteren Mönch begegnest, steh nicht mit baumelnden Armen da.

5. Lache niemals laut, ohne dich zu schämen oder verlegen zu sein.

6. Halte dich an das „Dharma des Dienens deines Lehrers".

7. Wenn du ermahnt wirst, verbeuge dich höflich, höre zu, akzeptiere die Ermahnung und denke in Übereinstimmung mit dem Dharma darüber nach.

8. Erwecke immer einen bescheidenen Geist.

9. Kratze oder zupfe nicht an deinen Läusen, wenn du einen älteren Menschen triffst.

---

[84] Heute wird die Robe – wie in anderen buddhistischen Schulen üblich – über der linken Schulter getragen, über beiden nur bei den Reuezeremonien und der Ordination.

10. Spucke nicht vor einem älteren Menschen aus.

11. Kaue nicht auf deinem Zahnstocher und spüle deinen Mund nicht aus, wenn du einem älteren Menschen gegenüberstehst.

12. Wenn der Senior dich noch nicht aufgefordert hat, dich zu setzen, setze dich nicht beiläufig hin.

13. Wenn du auf demselben Podest neben einem älteren Schüler mit fünf Sommern Übung sitzt, darfst du ihn nicht versehentlich anstoßen.

14. Setz dich nicht an die Stelle, an der ein Senior mit fünf Sommern Übung normalerweise sitzt oder liegt.

15. Du solltest wissen, dass jemand, der fünf oder mehr Sommer-Übungsperioden absolviert hat, die Position eines Ajari [Lehrer] innehat; jemand mit zehn oder mehr Sommern hat die Position eines Osho [Priester]. Dies ist nichts anderes als der süße Tau des unbefleckten Dharma.

16. Wenn eine respektierte Person mit fünf Sommer-Übungsperioden dich bittet, dich zu setzen, mache Gassho und verbeuge dich und setze dich dann. Sitze höflich aufrecht, lehne dich nicht gegen eine Wand.

17. Sei beim Sitzen nicht unhöflich und lehne dich nicht genüsslich gegen ein Möbelstück.

18. Wenn es zu einer Diskussion kommt, solltest du bescheiden bleiben und nicht versuchen, dir eine überlegene Position zu verschaffen.

19. Öffne beim Gähnen den Mund nicht weit, sondern bedecke ihn mit der Hand.

20. Wenn du vor einem älteren Menschen stehst, reibe dir nicht dein Gesicht, streiche nicht mit den Händen über deinen Kopf und spiele nicht mit deinen Beinen oder Armen.

21. Vor einem Senior sollst du keine großen Seufzer von dir geben. Sei respektvoll im Einklang mit dem Dharma.

22. Wenn du vor einem älteren Menschen stehst, halte deinen Körper aufrecht und ruhig.

23. Wenn du einen Senior siehst, der mit einem anderen Senior zu dir kommt, überlasse ihm deinen Platz, verneige dich und warte eine Weile auf die Anweisungen des Seniors.

24. Wenn du dich gegenüber dem Zimmer eines älteren Menschen befindest, rezitiere keine Textstellen mit lauter Stimme.

25. Erkläre den Menschen nicht den Dharma, es sei denn, ein Senior hat dich dazu angewiesen.

26. Wenn ein älterer Mensch dich fragt, solltest du eine angemessene Antwort geben.

27. Achte immer auf den Gesichtsausdruck des Seniors und verursache keine Enttäuschung oder ernsthafte Bedrängnis in ihm.

28. Solange du vor einem älteren Schüler stehst, verbeuge dich nicht vor deinen Mitschülern.

29. Nimm vor einem älteren Menschen keine Niederwerfungen von anderen entgegen.

30. Wenn in der Nähe eines älteren Menschen etwas Lästiges zu tun ist, erledige es zuerst selbst. Wenn es etwas gibt, das Spaß macht, biete es dem Senior an.

31. Wenn du dich mit einem Senior triffst, der fünf Sommer-Übungsperioden absolviert hat, solltest du ihn wie einen Ältesten verehren. Verliere nicht deinen Enthusiasmus.

32. Wenn du mit Älteren vertraut bist, die entweder fünf oder zehn Sommer-Übungsperioden gemacht haben, solltest du sie nach der Bedeutung der Sutren und Gebote fragen. Werde nicht nachlässig oder faul.

33. Wenn du siehst, dass ein älterer Mensch krank ist, solltest du ihn respektvoll pflegen und ihm helfen, sich gemäß dem Dharma zu erholen.

34. Wenn du vor einem älteren Menschen stehst oder in der Nähe seines Zimmers bist, solltest du keine unvorteilhaften oder bedeutungslosen Gespräche führen.

35. Wenn du vor einem Senior stehst, sprich nicht über die guten und schlechten Seiten oder Stärken und Schwächen von verehrten Meistern (sonshuku) aus anderen Tempeln.

36. Du solltest einen Senior nicht ignorieren und dich nicht auf sinnlose Diskussionen oder Nachfragen einlassen.

37. Rasiere dir nicht den Kopf, schneide dir nicht die Nägel und wechsle nicht die Unterwäsche, wenn ein Senior anwesend ist.

38. Wenn ein älterer Mensch noch nicht schläft, gehe nicht zuerst schlafen.

39. Wenn ein Senior noch nicht mit dem Essen begonnen hat, solltest du nicht zuerst essen.

40. Wenn ein älterer Mensch noch nicht gebadet hat, bade nicht zuerst.

41. Wenn ein älterer Mensch noch nicht Platz genommen hat, setze dich nicht selbst zuerst.

42. Wenn du auf dem Weg einen Älteren triffst, verbeuge dich mit geneigtem Körper und folge dann hinter dem Älteren. Wenn du eine Anweisung von einem Älteren erhältst, befolge sie einfach und kehre dann zu dem zurück, was du getan hast.

43. Wenn du siehst, dass ein älterer Mensch aus Versehen etwas vergessen hat, weise ihn höflich darauf hin.

44. Wenn du siehst, dass ein älterer Schüler einen Fehler macht, solltest du nicht laut lachen.

45. Wenn du das Zimmer eines älteren Menschen besuchst, schnippe zuerst drei Mal mit den Fingern vor der Tür, bevor du eintrittst.

46. Wenn du das Zimmer eines älteren Menschen betrittst, gehe an der Seite des Türrahmens hinein. Gehe nicht durch die Mitte des Türrahmens.

47. Wenn du die Kammer eines erfahrenen Fünfsommer- oder Zehnsommer-Seniors betrittst oder verlässt, solltest du die Gästetreppe benutzen, nicht die Gastgebertreppe.[85]

48. Wenn ein älterer Mensch seine Mahlzeit noch nicht beendet hat, beende deine nicht als erster.

49. Wenn ein Senior noch nicht aufgestanden ist, stehe nicht zuerst auf.

---

[85] Möglicherweise eine rechts- und linksseitige Treppe.

50. Wenn ein Älterer einem Spender (danotsu) die Sutren erklärt, sitze aufrecht und höre aufmerksam zu. Stehe nicht überstürzt auf und gehe nicht weg.

51. Schimpfe nicht mit jemandem, mit dem du schimpfen solltest, wenn du gerade vor einem älteren Schüler stehst.

52. Rufe vor einem älteren Menschen nicht aus der Ferne mit erhobener Stimme nach jemandem.

53. Löse deine Okesa nicht im Zimmer eines älteren Menschen, lege sie nicht dort ab, um dann weg zu gehen.

54. Wenn ein Älterer über ein Sutra referiert, korrigiere seine Fehler nicht von einem niedrigeren Sitz aus.

55. Hebe vor einem Senior nicht die Knie an und halte sie nicht mit den Armen.

56. Wenn ein älterer Mensch in einer niedrigen Position ist und du in einer hohen Position bist, solltet ihr euch nicht voreinander verbeugen.

57. Verbeuge dich nicht vor einem älteren Menschen von deinem Sitz aus.

58. Wenn du an deinem Platz bist und einen älteren Menschen auf dem Boden stehen siehst, verbeuge dich nicht im Shashu vor ihm.

59. Du solltest wissen, wann der Lehrer eines Seniors anwesend ist.

60. Wenn der Schüler eines Seniors anwesend ist, sollte man auf sein Benehmen gegenüber dem Lehrer achten und den Senior nicht stören.

61. Wenn ein Senior mit einem Senior zusammentrifft, müssen sie diese Anweisungen für ein Treffen mit einem Senior nicht befolgen.

62. Senioren zu sehen ist unerschöpflich. Bei der ersten Sommerübung sehen wir Senioren, bei der endgültigen Vollendung (gokuka) sehen wir Senioren.

Der obige Dharma für das Treffen mit einem Senior von fünf oder zehn Sommer-Übungsperioden ist genau der Körper und Geist der Buddhas und Vorfahren. Versäume nicht, ihn zu studieren. Wenn du dies nicht tust, wird der Weg der Ahnenlehrer degenerieren und der süße Tau des Dharma erlöschen. Im weiten Himmel des Dharma-Reichs ist dies selten und schwer zu finden. Nur Menschen, die in früheren Leben heilsame Fähigkeiten entwickelt haben, können dies hören. Wahrlich, es ist der höchste Gipfel des Mahayana.

Gelehrt vor der Sangha im zweiten Jahr von Kangen [1244], im dritten Monat, am einundzwanzigsten Tag, in der Provinz Echizen im Yoshimine-Tempel[86].

---

[86] Ein kleiner Tempel beim Eiheiji, in dem die Gemeinschaft während des Baus von Eiheiji weilte.

Reine Vorschriften für die Tempelverwalter (Chiji Shingi)

Fürs Eiheiji in Echizen, Japan

Die Ämter der Tempelverwalter sind hoch angesehen und ehrenvoll, deshalb müssen sie mit erfahrenen, tugendhaften Menschen des Weges besetzt werden. Hier sind einige Beispiele.

Der jüngere Bruder des Tathagata [Shakyamuni], Nanda, war in der Position des Tempelverwalters und wurde ebenfalls ein verwirklichter Arhat. Das Schoßschatz-Sutra (Taizokyo) erzählt, dass sich der Weltgeehrte in Kapilavastu aufhielt. Buddha wusste, dass es für Nanda an der Zeit war, als Mönch ordiniert zu werden, und so strahlte am Tor von Nandas Wohnsitz ein leuchtender Glanz auf. Nanda sagte: „Das ist sicherlich der Weltgeehrte." Er sandte einen Diener aus, um zu sehen, ob dies wirklich der Weltgeehrte sei. Dann wollte Nanda den Buddha selbst sehen.

Seine Frau sagte: „Wenn ich dich zu ihm gehen lasse, wird er dich bestimmt zu einem Mönch machen, der das Haus verlässt." Dann zog sie ihn an seiner Kleidung zurück. Nanda sagte: „Ich bin gleich wieder da." Sie sagte: „Du solltest zurückkehren, bevor mein Gesicht (d. h. die Schminke) getrocknet ist." Er antwortete: „Ich werde tun, was du verlangst." Buddha ließ Nanda seine Bettelschale nehmen, um sie mit Essen zu füllen. Er kehrte mit der vollen Schale zurück, aber Buddha war bereits gegangen. Er gab sie Ananda, der fragte:

„Von wem hast du diese Schale bekommen?“ Nanda antwortete: „Diese Schale ist von Buddha“. Ananda sagte: „Du solltest sie Buddha zurückgeben.“

Nanda ging daraufhin, um die Schale Buddha zu geben. Buddha ließ Nanda von jemandem den Kopf rasieren. Nanda sagte zu dem Mönch, der sein Haupt rasierte: „Halte keine Klinge an das Haupt eines Königs von Jambudvipa.“ Auch dachte er bei sich: „Am Morgen werde ich dem Weltehrwürdigen folgen, aber am Abend werde ich nach Hause zurückkehren.“

Buddha kannte seine Gedanken und ließ auf magische Weise eine große Grube vor Nanda entstehen, so dass Nanda dachte, dass er selbst am Ende seines Lebens nicht nach Hause zurückkehren könnte. Buddha befahl Ananda, Nanda zum Tempelverwalter zu machen. Ananda übermittelte Buddhas Bitte. Nanda fragte: „Was ist ein Tempelverwalter?“ Ananda sagte: „Er kümmert sich um die Dinge im Tempel.“ Nanda fragte: „Was soll ich tun?“ Ananda antwortete: „Nachdem die Mönche zum Betteln gegangen sind, solltest du den Boden fegen und befeuchten, Feuerholz herbeitragen, Kuhmist entfernen, um das Gelände zu säubern, darauf achten, dass nichts verloren gegangen ist, und die Tore nach den Mönchen schließen. Wenn es Abend wird, öffne die Tore, fege und reinige die Toiletten.“

Nachdem die Mönche gegangen waren, wollte Nanda die Tore für die Gemeinschaft schließen. Er schloss das Westtor, und das Osttor öffnete sich; er schloss das Osttor, und das

Westtor öffnete sich. Er dachte: „Selbst wenn etwas verloren geht – wenn ich König werde, werde ich hunderttausendmal mehr gute Tempel errichten, als es heute gibt." Daraufhin machte er sich auf den Weg zurück in seine Heimat.

Er fürchtete, auf einer Hauptstraße auf Buddha zu treffen, der auf dem Rückweg war, und ging daher auf einer kleinen Straße. Dort sah er jedoch Buddha zurückkommen. Nanda versteckte sich hinter den Zweigen eines Baumes, aber der Wind blies sie weg und er war sichtbar.

Buddha fragte: „Warum bist du gegangen?" Er antwortete: „Ich habe meine Frau vermisst."

Buddha brachte ihn stattdessen aus der Stadt Shravasti in den Östlichen Garten. Buddha fragte: „Hast du jemals den Berg Gandha Madana gesehen?" Nanda antwortete: „Noch nicht".

Buddha warf Nanda in den Ärmel seines Gewandes und flog los, und im Nu konnten sie den Berg sehen. Auf der Spitze des Berges stand ein Obstbaum, und unter dem Baum saß ein großes Affenweibchen, das verbrannt war und dem ein Auge fehlte. Schließlich fragte Buddha: „Wie ist das mit dem Himmel?" Nanda antwortete: „Im Himmel fehlt es an nichts. Wie könnte man ihn mit diesem vergleichen?" Buddha fragte: „Hast du den Himmel gesehen oder nicht?" Er antwortete: „Ich habe ihn noch nicht gesehen".

Buddha warf Nanda in den Ärmel seines Gewandes und erreichte nach einer Weile den Himmel der Dreiunddreißig (Trayastrimsa), wo sie umherwanderten, bis sie den Lustgarten erreichten, wo sie viele schöne Frauen sahen, und den Erholungsgarten mit verschiedenen musikalischen Klängen. An einem Ort gab es eine himmlische Jungfrau ohne Ehemann. Nanda fragte Buddha nach ihr, und Buddha ließ Nanda sie selbst fragen. Sie antwortete: „Buddhas Bruder Nanda hält die Gebote ein und wird hier geboren werden und mein Ehemann werden." Buddha fragte: „Nanda, wie ist sie im Vergleich zu deiner Frau Sondari?" Er antwortete: „Sondari ist im Vergleich zu dieser himmlischen Jungfrau wie der einäugige Affe im Vergleich zu Sondari." Buddha sagte: „Wenn du reines Verhalten (bongyo) praktizierst, wirst du diesen Nutzen haben. Wenn du jetzt die Gebote einhältst, wirst du in diesem Himmel geboren werden."

Daraufhin kehrte Buddha mit ihm nach Jetavana zurück. Dann sehnte sich Nanda nach dem himmlischen Palast und übte sich in reinem Verhalten. Buddha verkündete den Mönchen, dass sie keine Dharma-Aktivitäten mit Nanda teilen sollten. Die Mönche blieben nicht, als er bei ihnen saß, sondern standen auf und gingen.

Nanda dachte: „Ananda ist mein Bruder, also wird er mich nicht ablehnen." So ging er hin und setzte sich mit Ananda zusammen, aber Ananda erhob sich, um zu gehen. Nanda fragte: „Wie kannst du deinen Bruder im Stich lassen?" Ananda sagte: „Ich meide dich nur, weil deine Praxis anders ist." Er fragte: „Wie meinst du das?" Ananda antwortete: „Deine Sehnsucht ist die nach einer Geburt im Himmel. Meine

Sehnsucht gilt dem Nirwana (jakumetsu)." Nachdem Nanda dies gehört hatte, fühlte er sich noch mehr bedrängt.

Buddha fragte auch: „Hast du die Hölle schon gesehen?" Er antwortete: „Ich habe sie noch nicht gesehen." Buddha warf ihn in den Ärmel seines Gewandes, und bald sahen sie verschiedene Höllen. In allen wurden Menschen gequält, aber es gab einen Ort, an dem kein Mensch war. Nanda fragte Buddha nach diesem Ort. Buddha bat ihn, den Höllenwächter selbst zu fragen. Der Höllenwächter antwortete: „Buddhas Bruder Nanda übt, um im Himmel geboren zu werden. Für eine Weile wird er oben im Himmel sein, aber dann wird er hierher zurückkehren und Qualen erleiden." Nanda war entsetzt und seine Tränen fielen wie Regen. Er sprach mit Buddha darüber. Buddha sagte: „Wenn du reines Verhalten (nur) praktizierst, um himmlische Glückseligkeit zu erlangen, wirst du diese Strafe erhalten."

Buddha brachte ihn zurück nach Jetavana und erläuterte ihm ausführlich die Schoßform[87]. Aufgrund dessen erweckte Nanda zunächst den Geist des Erwachens, indem er die Gebote um der Befreiung willen einhielt, und erreichte später die Stufe der Arhatschaft.

Der ehrwürdige Nanda stammte aus der Klasse der Kshatriya [Krieger], war der Sohn von König Suddhodana und der Bruder des Tathagata. Er bekleidete die Position eines Tempelverwalters und wurde schließlich ein Arhat.

---

[87] Bezieht sich aufs o. g. Schoßschatz-Sutra, in dem diese Geschichte steht; das Universum ist dort der Schoß der Buddhaschaft.

Sollten wir nicht das Verdienst und die Tugend, den Buddha gesehen zu haben, und die Spuren der zuvor verwirklichten Befreiung wertschätzen und in Ehren halten? Deshalb sollten nur Menschen, die den Geist des Weges haben und die die Alten achten, als Tempelverwalter ernannt werden. Diejenigen, die nicht den Geist des Weges haben, sollten nicht ernannt werden. Die geistige Haltung von Tempelverwaltern ist die gleiche wie die geistige Haltung von Äbten.

Das Wohlwollen muss an erster Stelle stehen, die Sanftmut muss an erster Stelle stehen. Mit großem Mitgefühl und großer Sympathie für die versammelten Mönche heiße alle aus den zehn Richtungen willkommen und diene ihnen, und hilf einfach dem Kloster, zu gedeihen. Diese Positionen wurden von Menschen besetzt, die nicht nach weltlichem Nutzen streben, sondern nur die Führung des Weges ausüben. Wahrlich, dies ist das Engagement für den Weg und die duftende Verfeinerung, und nichts geht dem voraus!

Hier ist ein Beispiel für ein vertrautes Treffen eines Tempelverwalters mit einem Lehrer.

Eines Tages rief der große Guishan nach dem Leiter (inju). Der Leiter kam, und Guishan sagte: „Ich habe nach dem Leiter gerufen. Warum bist du gekommen?" Der Leiter antwortete nicht. Guishan ließ dann den Jisha nach dem Obermönch rufen. Der Obermönch kam, und Guishan sagte: „Ich habe nach dem Obermönch gerufen. Warum bist du gekommen?" Der Obermönch antwortete nicht. Caoshan antwortete später im Namen des Leiters: „Ich weiß, dass der Lehrer mich nicht gerufen hat.“ Im Namen des Obermönchs antwortete er: „Wenn du den Jisha hättest rufen lassen, wäre ich vielleicht nicht gekommen.“ Fayan antwortete anders: „Ich habe nur den Jisha-Ruf gehört.“ Indem man diesen einzigen Umstand dieser Geschichte wendet, muss man direkt die Blutlinie von Tempelverwaltern und Abteilungsleitern von Klöstern [choshu] untersuchen.

Hier sind Beispiele von Personen, die als Leiter (kansu) die große Angelegenheit vorgebracht und geklärt haben.

Zen-Meister Xuanze vom Baoen-Tempel in Jinling, ein Nachfolger von Fayan, diente als Leiter der Gemeinschaft von Fayan. Eines Tages sagte Fayan: „Leiter, wie lange bist du schon hier?“ Xuanze antwortete: „Ich bin schon seit drei Jahren in Eurer Sangha.“ Fayan sagte: „Du bist ein Schüler, warum fragst du mich nie nach Dingen?“ Xuanze sagte: „Ich wage es nicht, den Lehrer zu täuschen. Als ich bei Qingfeng war, habe ich den Frieden und die Freude erkannt.“ Fayan fragte: „Durch welche Worte konntest du eintreten?“ Xuanze antwortete: „Ich fragte Qingfeng einmal: ‚Was ist das Selbst dieses Schülers?‘ Qingfeng sagte: ‚Der Feuerjunge (heiteidoji)[88] kommt und sucht Feuer.‘“ Fayan meinte: „Gute Worte, aber ich fürchte, dass du sie nicht verstanden hast.“ Xuanze sagte: „Der Feuerjunge gehört zum Feuer. Schon das Feuer und die Suche nach dem Feuer ähneln dem Selbstsein und der Suche

[88] Novize, der für die Beleuchtung im Tempel zuständig ist.

nach dem Selbst." Fayan rief aus: „Jetzt weiß ich wirklich, dass du nicht verstehst. Wenn der Buddha-Dharma so wäre, hätte er nicht bis heute überdauert."

Xuanze fühlte sich gereizt und sprang auf. Doch draußen auf dem Weg dachte er: „Er ist der führende Lehrer von fünfhundert Menschen. Wenn er sagt, dass ich nicht verstehe, hat er sicherlich recht." So kehrte er zurück und bereute es. Fayan sagte: „Bring mir einfach die Frage." Xuanze fragte sofort: „Was ist das Selbst dieses Schülers?" Fayan sagte: „Der Feuerjunge kommt und sucht Feuer." Mit diesen Worten wurde Xuanze tief erleuchtet.

Zen-Meister Yangqi Fanghui aus Yuanzhou folgte Ciming. Als Ciming von Nanyuan nach Daowu und dann nach Shishuang zog, half Yangqi stets bei der Überwachung der Tempelangelegenheiten. Obwohl er schon lange bei Ciming war, hatte Yangqi noch immer keine Erkenntnis (sho) erlangt. Wann immer er sich erkundigte, sagte Ciming: „Leiter (kusu), kümmere dich eine Weile um die Fülle der Angelegenheiten." An einem anderen Tag fragte Yangqi erneut. Cimings Antwort war die gleiche wie zuvor. Er fügte hinzu: „Leiter, eines Tages werden sich deine Nachkommen weit unter dem Himmel verbreiten. Was nützt es da, so in Eile zu sein?"

Es gab eine alte Frau, die in der Nähe des Tempels wohnte. Niemand konnte ihr Verständnis ergründen. Man nannte sie die alte Frau. Wann immer Ciming die Zeit dafür fand, besuchte er sie. Eines Tages begann es zu regnen. Yangqi wusste, dass Ciming im Begriff war, hinauszugehen, und hielt auf einem kleinen Pfad Ausschau nach ihm. Sobald er auftauchte, packte Yangqi ihn, hielt ihn fest und sagte: „Dieser alte Mann muss es mir heute verraten. Wenn er es nicht preisgibt, werde ich ihn schlagen."

Ciming sagte: „Leiter, da du diese Art von Angelegenheit kennst, ruhe dich einfach aus." Bevor er zu Ende gesprochen hatte, war Yangqi tief erleuchtet (daigo) und warf sich auf dem schlammigen Weg nieder.

Dann stand er auf und fragte: „Wie ist das, wenn wir uns auf dem schmalen Weg begegnen?" Ciming sagte: „Du solltest einfach zur Seite treten.[89] Ich will dorthin gehen."

Yangqi ging zurück zum Kloster. Am nächsten Tag suchte Yangqi ganz zeremoniell das Zimmer des Abtes auf und warf sich voller Dankbarkeit nieder. Ciming schimpfte ihn aus und sagte: „Noch nicht."

Eines Tages gab es eine geplante Dharma-Sitzung mit dem Lehrer [san]. Nach dem Frühstück war das Trommelsignal lange Zeit nicht zu hören. Yangqi fragte Cimings Anja: „Warum schlägst du nicht die Trommel für die heutige Sitzung?" Der Anja sagte: „Abt Ciming ist weggegangen und noch nicht zurückgekehrt."

Yangqi nahm den Weg zum Haus der alten Frau und sah, wie Ciming den Herd bediente, während die alte Frau Haferschleim kochte. Yangqi sagte: „Meister, die Sangha hat heute

---

[89] Hier wohl mit der Bedeutung: Deinen eigenen Weg gehen.

lange auf die Dharma-Versammlung gewartet. Warum kommt Ihr nicht zurück?“ Ciming sagte: „Wenn du mir ein einziges Wendewort geben kannst, werde ich sofort zurückkehren. Wenn nicht, dann sollten alle dort nach Osten oder Westen aufbrechen.“ Yangqi bedeckte seinen Kopf mit seinem Bambushut und ging einige Schritte weg. Ciming war hocherfreut, und schließlich kehrten sie gemeinsam zurück.

Danach beobachtete Yangqi jedes Mal, wenn Ciming zur Muße in den Bergen umherwanderte (yusan), und selbst wenn es schon Abend war, schlug Yangqi immer die Trommel, um die Sangha zu versammeln. Als Ciming plötzlich zurückkam, sagte er wütend: „Wie bist du auf diese Idee gekommen, abends in so einem kleinen Kloster einen Vortrag zu halten?“ Yangqi antwortete: „Gemäß den abendlichen Versammlungen Eures Lehrers Fenyang. Wie könnt Ihr sagen, dass dies nicht der Vorschrift entspräche?“

In den Klöstern gibt es heute noch Dharma-Versammlungen nach der Nenju-Zeremonie an dritten und achten Tagen, die darauf zurückgehen.[90]

In alten Zeiten gab es nur den Kansu. Heutzutage wird der Titel Tsusu [Leiter] für den ehemaligen Kansu verwendet, von dem auch die Positionen des Fusu [Schatzmeisters] und Kansu [stellvertretender Leiter] abgeleitet sind. In der heutigen Zeit haben die Tempel eine Fülle von Aufgaben und ernennen daher zwei oder drei Kansu [Verwalter]. Jinling

[90] Dabei werden in Klöstern der Soto-Schule die Namen Buddhas gesungen und die Mönchshalle umrundet.

Xuanze und Yangqi klärten die große Angelegenheit, als sie Kansu [Leiter] waren. Sie kennen die Belohnung für die Mühe, ein Kansu zu sein. Wahrlich, in jüngster Zeit ist ein Abt [shukuhanju] wie Yangqi in allen zehn Richtungen schwer zu finden!

Hier ist ein Beispiel für jemanden, der den Geist des Weges hatte und als Ino diente.

Der große Lehrer Baoji vom Huayan-Tempel in Jingzhao, dessen persönlicher Name Xiujing lautete, war ein Nachfolger von Dongshan Liangjie. Baoji Jingzhao wurde Ino in Yaopu. Eines Tages schlug er das tsui chin, um die Gemeinschaftsarbeit (fushin, samu) anzukündigen, und sagte: „Die in der nördlichen Hälfte werden Feuerholz herbeitragen, und die in der südlichen Hälfte werden den Boden pflügen." Da fragte der Obermönch: „Was ist mit Manjushri auf dem zentralen Altar?" Baoji Jingzhao antwortete: „In der Halle sitzt er nicht einmal gerade; wie kann er auf beiden Seiten arbeiten?"

Der Ino von Yaopo wurde der Dharma-Nachfolger von Dongshan. Dieser geschätzte Älteste war nicht unbedeutend und hinterließ lobenswerte Überreste des Weges. Wenn wir Baoji Jingzhao, als er Ino war, mit denjenigen vergleichen wollen, die heute würdige Älteste sind, dann kommen diese heutigen Äbte nicht an Jingzhao heran, als er Ino war.

Hier ist ein Beispiel für das große Erwachen eines Inos.

Zen-Meister Zhu'an Shigui aus Longxiang in der Provinz Wen war ein Erbe des Hohepriesters Foyan Qingyuan. Als Zhu'an zum ersten Mal den „Drachentor"-Berg bestieg, sprach er mit Foyan über sein Alltagsverständnis. Foyan sagte: „Du hast deinen Geist bereits durch erschöpfendes Studium befreit. Aber es mangelt dir noch daran, Kraft auszuüben und das Auge zu öffnen."

Später wurde Shigui mit der Leitung der Halle betraut. Eines Tages, als er in der Halle bereitstand, fragte er Foyan: „Wie ist es, wenn man über Zweiheiten hinausgeht?" Foyan sagte: „Es ist so, wie wenn man das tsui chin in der Halle trifft." Shigui ging nicht weiter auf das Thema ein. An diesem Abend suchte Foyan ihn auf. Shigui setzte die Befragung über das vorherige Gespräch fort. Foyan sagte: „Nutzloses Gerede." Mit diesen Worten wurde Shigui tief wachgerüttelt. Foyan sagte: „Jetzt gibt es nichts mehr zu sagen."

Foyan war ein führender Schüler des Priesters Fayan vom Wuzu-Berg. Während der Zeit, als er Ino war, erhielt Meister Shigui das kräftige Blut der Ahnenessenz. Wahrlich, diese Begegnung fand zu einem günstigen Zeitpunkt statt. Jetzt ist Shigui als Kushan[91] bekannt. In Versen pries er die alten Ausdrücke der Buddhas und der Ahnen, und in Prosa gab er sie wieder. Nur wenige sind Shiguis Ehre und Bekanntheit ebenbürtig.

Hier sind Beispiele für diejenigen, die die große Angelegenheit als Tenzo vorgebracht und geklärt haben.

---

[91] „Trommelberg", der Ort, wo Shigui lehrte und starb.

Der große Guishan war Tenzo bei Baizhang. Eines Tages stand er vor dem Zimmer des Abtes.[92] Der Abt fragte: „Wer ist es?“ Guishan sagte: „Lingyou.“ Baizhang sagte: „Würdest du im Feuertopf stochern und nachsehen, ob er brennt oder nicht?“ Lingyou rührte ihn um und sagte: „Kein Feuer.“ Baizhang stand auf, grub tief in den Feuertopf und fand eine kleine Glut. Er hielt sie hoch und sagte: „Ist das kein Feuer?“ Lingyou wurde erleuchtet und warf sich in Dankbarkeit nieder, dann äußerte er sein Verständnis. Baizhang sagte: „Dies ist nur eine vorübergehende Situation. Ein Sutra sagt: ‚Wenn du die Buddha-Natur sehen willst, achte auf die Gelegenheit von Ursachen und Bedingungen.‘ Die Gelegenheit ist bereits da, und sie ist wie der Verblendete, der plötzlich erleuchtet wird, wie der Vergessene, der sich plötzlich erinnert. Wenn man sie wirklich untersucht, ist sie etwas Eigenes, nicht von anderen erlangt. Deshalb sagt der Ahnenlehrer [Dhrtaka]: ‚Vollständig erleuchtet zu sein ist dasselbe wie noch nicht erleuchtet zu sein. Es gibt keinen Geist und kein Dharma zu erlangen.‘ Es ist einfach so, dass es keine eitlen Illusionen gibt; gewöhnliche Menschen und Weise teilen gleichermaßen den ursprünglichen Geist. Der Dharma ist von Anfang an vollständig in einem selbst angelegt. Jetzt bist du bereits so; du solltest es gut schützen und bewahren.“

Später kam der wandernde Asket (dhuta) Sima aus Hunan südlich des Sees vorbei. Baizhang befragte ihn: „Dieser alte Mönch will zum Berg Gui ziehen; was denkst du?“ Sima

[92] Siehe Keitoku Dentoroku.

erwiderte: „Der Berg Gui ist so steil und furchteinflößend, dass sich dort eine Gruppe von fünfzehnhundert Menschen versammeln könnte. Aber es ist nicht der richtige Ort für den Priester Baizhang, um dort zu leben." Baizhang fragte: „Wie kommt das?" Sima antwortete: „Der hohe Priester ist ein knochiger Mensch, aber dies ist ein fleischiger Berg. Wenn Ihr dort wohnt, wird er nicht einmal zu tausend Schülern heranreifen." Baizhang fragte: „Gibt es in meiner Gemeinde jemanden, der sich dort niederlassen könnte?" Sima antwortete: „Warte, bis ich sie einzeln beobachtet habe."

Baizhang bat den Jisha, den Obermönch [Hualin] zu rufen. Baizhang fragte: „Was ist mit dieser Person?" Sima bat ihn, ein Mal zu husten und dann einige Schritte zu gehen. Dann sagte Sima: „Diese Person ist nicht geeignet." Dann rief Baizhang den Tenzo [Lingyou] herbei. Sima sagte: „Dies ist wahrlich der Meister des Berges Gui."

An diesem Abend lud Baizhang Lingyou in sein Zimmer ein und vertraute ihm an: „Mein Ort zum Lehren ist hier. Der Berg Gui ist jedoch ein hervorragender Ort für dich, um dich niederzulassen und unsere Schule weiterzuführen, indem du viele Schüler ausbildest."

Als Hualin davon hörte, sagte er: „Diese Person [ich selbst] bekleidet demütig die Position des Obermönchs, wie kann also der Mönch Lingyou vor mir Abt werden? Baizhang sagte: „Wenn du vor der Sangha eine Äußerung machen kannst, die über deine Stellung hinausgeht, werde ich dich zum Abt machen."

Dann zeigte Baizhang auf einen Wasserkrug und fragte: „Das kann man nicht Wasserkrug nennen; wie nennst du es denn?" Hualin sagte: „Man kann es nicht Holzpfahl nennen." Baizhang war nicht einverstanden und fragte Lingyou, der den Wasserkrug umstieß. Baizhang lachte und sagte: „Der Obermönch wurde vom Bergjungen besiegt."

Schließlich wurde Lingyou zum Berg Gui entsandt. Dieser Berg war hoch und steil, weit entfernt vom Rauch der Häuser. Lingyou hatte Gibbons und andere Affen als Gefährten und Kastanien und andere Nüsse als Nahrung. Die Menschen, die am Fuße des Berges lebten, erfuhren nach und nach von ihm. Zusammen mit einigen Mönchen baute Lingyou eine Übungshalle (bon'u). Schließlich berichtete Li Jingrang dem Kaiser davon, und der Tempel erhielt den Namen Tongqing. Premierminister Pei Xiugong kam, um sich nach dem tiefen Kern der Lehre zu erkundigen. Dann trafen Zen-Schüler aus dem ganzen Land dort ein.

Zen-Meister Jianyuan Zhongxing war Tenzo in der Gemeinschaft von Daowu Yuanzhi. Eines Tages begleitete er Daowu bei einem Kondolenzbesuch ins Haus eines verstorbenen Anhängers. Zhongxing schlug mit der Hand auf den Sarg und sagte: „Lebendig oder tot?" Daowu sagte: „Ich sage nicht lebendig; ich sage nicht tot." Zhongxing fragte: „Warum sagt Ihr es nicht?" Daowu erwiderte: „Ich werde es nicht sagen. Ich werde es nicht sagen."

Nach ihrer Rückkehr meinte Zhongxing: „Hoher Priester, Ihr musst es mir sagen. Wenn Ihr es immer noch nicht sagt, werde ich Euch verprügeln." Daowu erwiderte: „Schlag mich, wenn du willst, aber ich werde nicht sagen, dass ich lebe, ich werde nicht sagen, dass ich tot bin." Zhongxing verpasste Daowu schließlich eine Reihe von Schlägen.

Daowu kehrte in den Tempel zurück, forderte Zhongxing aber auf, zu gehen, indem er sagte: „Du solltest besser für eine Weile fort, denn wenn der Leiter das erfährt, wird er dich angreifen." Daraufhin verbeugte sich Zhongxing, ging und besuchte Shishuang.[93] Dort erzählte er von dem vorangegangenen Gespräch, das damit geendet hatte, dass er Daowu schlug. Dann meinte Zhongxing: „Jetzt bitte ich Euch, es mir zu sagen." Shishuang antwortete: „Verstehst du nicht Daowus Worte: ‚Ich sage nicht lebendig, ich sage nicht tot!'?" Da wurde Zhongxing tief erweckt, und er brachte ein Gedenkmahl dar, um Reue zu zeigen.

Der ehrwürdige Wuzhuo war Tenzo auf dem Berg Wutai. Eines Tages erschien Manjushri über dem Reistopf. Wuzhuo schlug ihn und sagte: „Selbst wenn der alte Shakyamuni käme, würde ich ihn schlagen."

Der Priester Shexian Guisheng der Präfektur She war kalt und streng, hart und genügsam. Die Mönche in Mönchskutten respektierten und fürchteten ihn. Als sie noch Mönche in

[93] Siehe auch Hekiganroku, Fall 55.

der Ausbildung waren, kamen die Zen-Meister Fushan Fayuan aus der Provinz Shu und Yihuai vom Berg Tianyi in der Provinz Yue eigens zu Besuch, um bei Guisheng zu studieren. Sie kamen mitten in einem verschneiten Winter. Guisheng beschimpfte sie aufs Schärfste und versuchte, sie zu verjagen, indem er sie im Besucherraum (tangaryo) mit Wasser übergoss, so dass ihre Kleidung ganz nass wurde. Die anderen besuchenden Mönche wurden alle wütend und gingen. Aber Fayuan und Tianyi Yihuai breiteten nur ihre Zagu aus, richteten ihre Roben und saßen weiter im Besucherraum. Guisheng schimpfte nochmals mit ihnen und sagte: „Wenn ihr nicht sofort geht, werde ich euch schlagen."

Yihuai trat zu ihm und sagte: „Wir beide sind tausend Meilen gereist, nur um bei dir Zen zu studieren, wie könnten wir gehen, nur weil eine Kelle Wasser auf uns geschüttet wurde? Selbst wenn du uns zu Tode prügelst, werden wir nicht gehen." Guisheng lachte und sagte: „Ihr zwei müsst euch im Zen üben, also geht und hängt eure Sachen auf."

Später wurde Fayuan gebeten, als Tenzo zu dienen. Die Sangha litt unter der groben und schlechten Qualität und Quantität des Essens. Einmal ging Guisheng ins Dorf hinaus. Fayuan stahl den Schlüssel zum Lagerhaus und nahm etwas Weizenmehl heraus, um einen Haferschleim mit fünf Geschmacksrichtungen zuzubereiten.[94] Guisheng kehrte plötzlich zurück und ging in die Halle. Nachdem er gegessen

---

[94] Dieser „Fünf-Geschmäcker-Brei" wird traditionell nur am Erleuchtungstag Buddhas serviert.

hatte, setzte er sich in die äußere Halle und schickte nach dem Tenzo. Fayuan kam. Guisheng fragte: „Ist es wahr, dass du Mehl gestohlen hast, um den Haferschleim zu kochen?“ Fayuan gab es zu und flehte Guisheng an, ihn zu bestrafen. Guisheng ließ ihn den Preis des Mehls berechnen und seine Gewänder und Schalen verkaufen, um es zurückzuzahlen. Dann versetzte Guisheng Fayuan dreißig Schläge mit seinem Stab und verwies ihn aus dem Tempel.

Fayuan blieb in der Stadt und bat einige Mitpraktizierende, für ihn um Vergebung zu bitten, aber Guisheng erlaubte es nicht. Dann sagte Fayuan, dass er, selbst wenn es ihm nicht erlaubt sei, ins Kloster zurückzukehren, nur den Mönchen folgen wolle, um sich mit dem Lehrer zu treffen. Guisheng erlaubte es wieder nicht.

Eines Tages ging Guisheng in die Stadt und sah Fayuan allein vor einem Wohnhaus stehen. Guisheng sagte: „Das ist ein Wohnhaus, das dem Tempel gehört. Hast du in der Zeit, in der du hier wohnst, gezahlt oder nicht?“ Dann sagte er zu Fayuan, er solle ausrechnen, was er schuldete, und es zurückzahlen. Fayuan ließ sich davon nicht beirren, sondern trug seine Schale durch die Stadt und schickte das erhaltene Geld an den Tempel.

An einem anderen Tag ging Guisheng in die Stadt und sah Fayuan, wie er seine Schale hielt. Guisheng kehrte zur Sangha zurück und sagte: „Fayuan hat wirklich die Entschlossenheit, Zen zu studieren.“ Schließlich wurde er aufgefordert, zurückzukehren.

Der große Guishan trug, nachdem er zum Tenzo unter Baizhang ernannt worden war, Wasser und Brennholz, ohne dass er von den vielen Mühen geplagt wurde und ohne die vergehenden Jahre zu zählen. Das Ergebnis war, dass Baizhang ihm die Ernennung zum Meister des Berges Gui übertrug. Als er auf dem Berg Gui lebte, waren all die unzähligen Umstände sehr schlicht. Er hatte noch keine Essensgaben von himmlischen oder menschlichen Wesen erhalten, also lebte er in bescheidener Armut von Kastanien. Die Wolken- und Wassermönche (unsui) hatten sich noch nicht zum Studium versammelt, und so waren Bergaffen seine einzigen Gefährten. Obwohl es das harte Studium eines alten Weisen war, ist dies eine Inspiration für spätere Schüler. Für die Aufgabe des Tenzo ist dieses Beispiel der Verehrung wert. Die Pupille des Auges kann nicht getäuscht werden; der Scheitel ist der höchste Punkt am Kopf.

Jianyuan Zhongxing ist ein hervorragendes Beispiel, dessen alten Hinterlassenschaften wir bewundern sollten. Wuzhuo hat wunderbare Spuren zurückgelassen, die die Anhänger des Wunders nicht vernachlässigen sollten. Vor allem sollten wir unbedingt das treue Herz des Tenzo Fayuan studieren, das man nur ein Mal in tausend Jahren treffen kann. Es ist sowohl für die Weisen als auch für die Törichten schwer zu erreichen. Wenn aber Tenzo keine Hingabe wie die von Fayuan erfahren, wie kann dann ihr Studium des Weges in die innersten Bereiche der Buddhas und der Ahnen eindringen?

Die oben genannten Tenzo sind allesamt Drachen und Elefanten des Buddha-Ozeans und bemerkenswerte Persönlichkeiten aus den Gefilden der Ahnen. Wenn wir jetzt nach Menschen wie ihnen suchen, können wir sie auf der ganzen Welt nicht finden.

Hier sind weitere Beispiele von Menschen des Weges, die Tenzo waren.

Jiashan[95] war Tenzo unter Guishan. Guishan fragte: „Was werden wir heute in der Halle essen?“ Der Tenzo Jiashan antwortete: „Jahr für Jahr derselbe einzigartige Ursprung.“ Guishan meinte: „Mit einem solchen Dharma praktiziere alle Angelegenheiten.“

Der Tenzo Jiashan sagte auch: „Ein Drache nistet im Phönixnest.“

Zen-Meister Furong Daokai vom Dayang-Berg wurde durch die Begegnung mit Touzi gründlich erleuchtet. Als Daokai als Tenzo diente, fragte Touzi: „Ist es nicht schwierig, die anstrengenden Aufgaben in der Küche zu erfüllen?“ Daokai sagte: „So schlimm ist es nicht.“ Touzi fragte: „Was ist mit dem Kochen des Haferschleims und dem Dämpfen des Reises?“ Daokai sagte: „Die Arbeiter säubern den Reis und machen das Feuer, die Gehilfen kochen den Haferschleim und dämpfen den Reis.“ Touzi fragte: „Was machst du denn?“

---

[95] Jiashan hatte bereits das Dharma-Erbe des Fährmanns Chuanzi erhalten, der danach sein Boot umkippte und im Wasser verschwand.

Daokai sagte: „Hoher Priester Touzi, lasst mich bitte in Ruhe.“ Touzi stimmte aus tiefstem Herzen zu.

Touzi und Daokai Dayang waren herausragende Persönlichkeiten des Ahnentors. Touzi ernannte Daokai Dayang, der unter Touzi als Tenzo diente. Dies sind hervorragende Relikte des Sitzes der Vorfahren. Daher werden keine gewöhnlichen Menschen für das Amt des Tenzo ernannt. Diejenigen, die diese Position ausfüllen, sind Drachen und Elefanten. Verglichen mit Daokai Dayang können es nur sehr wenige der alten oder gegenwärtigen Meister mit seiner Statur aufnehmen. Aus diesem Grund sind diejenigen, die seine Töne zu schätzen wissen, ziemlich selten; diejenigen, die ihn begreifen, stehen über der Masse. Wenn ihr jedoch die Knochen und das Mark der Buddhas und Vorfahren erhalten wollt, müsst ihr den Körper und den Geist von Daokai Dayang studieren.

Jiashan war der einzige Schüler des Bootsmannes von Huating [Chuanzi Dechung], der ein Schüler von Yaoshan war. Dies ist eine edle Linie. Nachdem er Huating gesehen hatte, studierte Jiashan auch bei Guishan und wurde zum Tenzo ernannt. Guishan war ein Schüler Baizhangs, der bereits zu Baizhangs Zeiten am Berg Gui lebte. Jiashans Auge des Weges war wirklich klar. In seinem Ausdruck durchdringt das Voranschreiten und Anhalten des Weges und der alten Wahrheit des Dharma den Abgrund und den Ozean. Deshalb besteht der Familienstil der Tenzo darin, die Anhäufung der Generationen vollständig zu sehen und zu hören.

Zusammen sind diese Beispiele die klare, leuchtende Bedeutung der Ahnenlehrer. Das ist es, was weise Menschen verehren und Narren missachten.

Hier ist ein Beispiel für eine Person des Weges, die als Arbeitsleiter diente.

Zen-Meister Baofu Benquan aus der Provinz Zhang war ein Dharma-Erbe von Huitang Zuxin. Einmal, als Huitang gerade seine Faust erhob, wurde Benquan erschüttert und verwirklichte den Urgrund. Er war eloquent und scharfsinnig. Als der Regierungsbeamte Shanku Huang zum ersten Mal mit der Übung begann, fragte er Huitang: „Welche Personen hier sind es wert, mit Ihnen zu sprechen?“ Huitang sagte: „Benquan aus der Provinz Zhang beaufsichtigt jetzt die Arbeiter bei der Anlage von Reisfeldern.“ Shanku ging zusammen mit Huitang dorthin und sagte zu Benquan: „Arbeitsleiter, wisst Ihr, dass eine freistehende Säule[96] ein Kind gebiert?“ Benquan antwortete: „Ist es ein Junge oder ein Mädchen?“ Shanku zögerte. Benquan schüttelte ihn. Huitang sagte: „Sei nicht unhöflich.“ Benquan erwiderte: „Wenn ich diesen hölzernen Dummkopf nicht schlage, wann wird er es dann jemals kapieren?“ Shanku lachte laut.

Tempelverwalter (chiji) und Abteilungsleiter (choshu) sollten nicht einfach der Reinheit den Vorrang geben. Für diese Stellen sollten definitiv nur diejenigen ausgewählt werden, die den Weg verkörpern.

---

[96] Ein unbelebtes Objekt jenseits der Vorstellungskraft.

Hier sind einige Beispiele für die Leiter kleinerer Abteilungen, die sich auf diese Weise geäußert haben.

Zhaozhou war für die Feuerstellen und das Brennholz im Kloster von Nanquan zuständig. Eines Tages verriegelte er die Türen eines Gebäudes und legte darin ein Feuer. Als das Gebäude voller Rauch war, schrie er von innen: „Hilfe, Feuer! Hilfe, Feuer!“ Als alle Mönche eintrafen, sagte Zhaozhou: „Wenn ihr etwas sagen könnt, werde ich die Türen öffnen.“ Die Mönche reagierten nicht, nur Nanquan reichte Zhaozhou durch das Fenster einen Schlüssel. Zhaozhou öffnete sofort die Tür.

Xuefeng war Reisverwalter in der Sangha von Dongshan Liangjie. Als er Reis reinigte, fragte ihn Dongshan: „Siebst du den Reis aus dem Sand, oder siebst du den Sand aus dem Reis?“ Xuefeng antwortete: „Ich entferne den Reis und den Sand zur gleichen Zeit.“ Dongshan fragte: „Was wird die Gemeinschaft essen?“ Daraufhin kippte Xuefeng die Schale um. Dongshan sagte: „In Übereinstimmung mit deiner kausalen Konditionierung wirst du später Deshan treffen.“

Zen-Meister Shishuang Qingzhu wurde Reisverwalter in der Dharma-Versammlung von Guishan. Eines Tages war Shishuang im Lagerraum und siebte Reis. Guishan sagte: „Das Essen der Spender sollte nicht verstreut werden.“ Shishuang erwiderte: „Es ist nicht verstreut.“ Guishan hob ein Korn vom Boden auf und fragte: „Du sagst, es ist nicht verstreut, aber woher kommt das?" Shishuang antwortete nicht. Guishan sagte: „Verachte nicht einmal dieses eine Korn. Aus diesem einen Korn können hunderttausend Körner geboren werden." Shishuang erwiderte: „Hunderttausend Körner können aus diesem einen Korn geboren werden. Aber es ist noch nicht klar, woher dieses einzelne Korn kommt." Guishan lachte laut: „Ho! Ho!", und kehrte in das Quartier des Abtes zurück. Später am Abend ging er zur Vorlesung in die Halle und sagte: „Oh, große Gemeinschaft, da ist ein Wurm im Reis."

Nachdem er unter Linji Erwachen erlangt hatte, verließ Zen-Meister Guanzhi Zhixian ihn und reiste umher, bis er zum Haus der Nonne Moshan Laoran kam. Er sagte: „Wenn wir miteinander übereinstimmen, werde ich hierbleiben. Wenn nicht, dann werde ich deinen Zen-Sitz umstoßen." Dann betrat er die Halle, und sie schickte einen Jisha, um ihn zu fragen, ob er zum Vergnügen [yusan] oder um des Buddha-Dharma willen gekommen sei. Zhixian sagte: „Ich bin um des Buddha-Dharma willen gekommen." Moshan kletterte auf den Sitz. Zhixian kam zu einem Gespräch näher.

Moshan fragte: „Woher kommst du heute?" Zhixian sagte: „Ich bin nur von der Mündung der Straße gekommen." Moshan fragte: „Warum hast du sie nicht zugedeckt, bevor du gekommen bist?" Zhixian konnte nicht antworten. Erst dann machte er eine Niederwerfung und fragte: „Wie geht es

Moshan [dem Berg Mo]?“ Moshan antwortete: „Kein freigelegter Gipfel.“ Zhixian fragte: „Wie geht es dem Herrn von Moshan?“ Moshan sagte: „Weder Mann noch Frau.“ Zhixian schrie: „Kaaa!“ und sagte: „Warum hast du dich dann nicht verwandelt?“ Moshan sagte: „Ich bin weder ein Gott noch ein Dämon, warum sollte ich mich verwandeln?“ Daraufhin warf sich Zhixian nieder und verehrte sie. Dann wurde er für drei Jahre Verwalter der dortigen Gärten. Später, als Zhixian Abt in einem Tempel war, sagte er zur Sangha: „Ich war bei Vater Linji, wo ich einen halben Schöpflöffel bekam, und bei Mutter Moshan, wo ich einen halben Schöpflöffel bekam. Zusammen ergaben sie einen vollen Schöpflöffel, den ich ganz trank, so dass ich bis heute durch und durch zufrieden bin.“

Die Aufgabe des Gartenverwalters [enju] ist sehr schwierig und äußerst mühsam. Nur Menschen, die den Geist des Weges besitzen, haben in diesem Beruf gedient. Menschen ohne den Geist des Weges können diese Position nicht ausfüllen. Die Gartenverwalter müssen immer im Gemüsegarten sein, um die Samen entsprechend der Jahreszeit zu pflanzen. Mit dem Gesicht von Buddhas und Ahnen und Beinen wie von Pferden und Eseln mühen sie sich wie Landarbeiter. Ohne ihre eigene Lebensenergie zurückzuhalten, müssen sie den ganzen Tag lang Spaten und Hacken tragen, pflügen und fräsen und Dung schleppen.

Sie können nur warten, bis das Gemüse reif ist, dann dürfen sie den rechten Zeitpunkt nicht verpassen. Wenn sie den

Boden pflügen und säen, tragen sie weder ihre zweiteiligen Gewänder [sankun], noch ihre einteiligen Gewänder [jikitotsu], noch ihre okesa. Sie tragen nur grobe Arbeitskleidung. Wenn jedoch die ganze Gemeinschaft zusammenkommt, um Sutren zu rezitieren, Nenju zu machen, in die Vortragshalle zu gehen (jodo) oder den Raum für das Gespräch mit dem Abt zu betreten, müssen die Gartenverwalter unbedingt mit der Sangha mitgehen. Sie dürfen nicht versäumen zu üben.

Morgens und abends müssen sie im Gemüsegarten Weihrauch darbringen, Niederwerfungen machen und Widmungen an Ryuten und Doji rezitieren (eko)[97], ohne jemals faul oder nachlässig zu werden. Sogar nachts schlafen sie in einer Hütte in der Nähe des Gemüsegartens. Die für den Garten bereitgestellten Arbeiter werden manchmal unter der Aufsicht des Arbeitsleiters eingeteilt und müssen vom Gartenverwalter geschult werden. Wahrhaftig, Menschen mit dem Geist des Weges und Menschen von großem Ansehen haben diese Position besetzt. Wenig fähige Leute und die Masse der Mittelmäßigen haben nie in diesem Amt gedient.

In der Gemeinschaft meines verstorbenen Lehrers, des alten Buddha Tiantong Rujing, wurde ein alter Mönch namens Pu aus Xishu [Sichuan] zum ersten Mal mit dieser Aufgabe

---

[97] Ryuten ist ein himmlischer Drachengeist, der vor Naturkatastrophen schützt; Doji ein Schutzgeist für Land und Gebäude. Traditionell wird eine Schriftrolle, die ihnen gewidmet ist, von den Mönchen an den ersten drei Tagen des neuen Jahres aufgehängt und mit Opfergaben bedacht.

betraut, als er über sechzig Jahre alt war. In Rujings Gemeinschaft änderte er seine Aufgabe nie. Drei Jahre lang bewunderten die Mönche seine Praxis, und mein verstorbener Lehrer schätzte ihn sehr. Wenn wir den alten Pu mit den Ältesten aus verschiedenen Tempeln vergleichen, können diese Ältesten nicht mit Gartenleiter Pu mithalten.

Zen-Meister Wuzu Fayan aus der Provinz Qi konnte dank des Priesters Haihui Shouduan vom Berg Baiyun in der Provinz Shu seine Untersuchung der großen Angelegenheit abschließen und tief in die Knochen und das Mark eindringen. Shouduan machte ihn zum Leiter der Mühle am Fuße des Berges. Jedes Jahr erhielt Wuzu Fayan Geld durch das Mahlen von Reis und Weizen. Er eröffnete eine Pfandleihe, um Zinsen zu verdienen, stellte Arbeiter ein und legte das restliche Geld, abgesehen von den Ausgaben fürs Essen, auf die Tempelkonten. Die Leute aus dem Tempel spionierten Wuzu Fayan ständig aus und kritisierten sein Verhalten gegenüber Shouduan, indem sie behaupteten, dass Wuzu Fayan seine Tage in der Mühle verbrachte, Wein trank, Fleisch aß und weibliche Gäste bewirtete. Der ganze Tempel war in Aufruhr. Als Wuzu Fayan das hörte, kaufte er absichtlich Fleisch und Alkohol und hängte sie vor der Mühle auf, und er kaufte auch Kosmetika und Make-up für seine Freundinnen. Wann immer Zen-Mönche in die Mühle kamen, berührte Wuzu Fayan die Frauen und neckte sie lachend und völlig hemmungslos.

Eines Tages rief Shouduan ihn in das Quartier des Abtes und fragte ihn, ob dies wahr sei, woraufhin Wuzu Fayan ohne weitere Worte zustimmend nickte. Plötzlich verpasste ihm Shouduan eine Ohrfeige. Wuzu Fayans Gesichtsausdruck änderte sich nicht, und er warf sich im Gehen nieder. Shouduan schimpfte ihn aus und sagte: „Verlasse uns sofort!“ Wuzu Fayan sagte: „Bitte wartet, bis ich meine Berechnungen beendet und die Buchhaltung für meinen Nachfolger aufgelistet habe.“

Einige Tage später sagte Wuzu Fayan zu Shouduan: „Nach Abzug der Ausgaben für den Kauf von Alkohol und Fleisch verbleiben Dreihunderttausend in bar, die auf die Tempelkonten eingezahlt werden müssen.“ Shouduan war darüber sehr erstaunt und verstand, dass die kleinen Leute nur eifersüchtig auf Wuzu Fayan gewesen waren.

Zu dieser Zeit war Zen-Meister Yuantong Faxiu der Obermönch (zagen) und wurde eingeladen, Abt am Simian-Berg zu werden. Yuantong bat Fayan, mit ihm zu kommen und den ersten Platz einzunehmen.

Das Mühlenhaus, mage, ma‘in oder masu genannt, ist der Ort für das Mahlen von Reis und das Polieren von Weizen; es wird in einer Entfernung von fünf oder sechs bis zu zehn cho[98] vom Tempelgelände errichtet. Eine Person wird zum Leiter der Mühle ernannt. Dies war die Aufgabe des Ahnen Wuzu Fayan. In alten Zeiten erfüllten Personen mit dem

[98] Ein cho entspricht ca. 110 Metern.

Geist des Weges diese Aufgabe. Mittelmäßige Personen haben nie in diesem Amt gedient.

Heutzutage ist es schwierig, jemanden mit dem Geist des Weges zu finden. Deshalb müssen wir im Moment Menschen mit angemessener Intelligenz einsetzen, ob sie nun Bodhi-Geist haben oder nicht. Wir sollten traurig sein über die Dekadenz dieser Welt. Wenn wir die geradlinige Aktivität des alten Buddha Wuzu Fayan betrachten, kann sich niemand von der Antike bis zur Neuzeit mit ihm vergleichen. Die Farbe der Pfirsich- und Pflaumenblüten und die Treue der Kiefern und Zedern werden durch den Nordwind nicht gebrochen; wie könnten sie durch Frost und Schnee überwunden werden? Wir sollten den ehrlichen Fleiß beim Studium des Weges kennen und uns mit dem edlen Charakter des aufrichtigen Glaubens vertraut machen. Selbst wenn wir späteren Schüler auf solche Schwierigkeiten wie die von Wuzu Fayan stoßen, dürfen wir nicht von unserer Absicht ablassen, den Weg zu üben. Wie könnten wir die Weisheit jener bedeutenden Persönlichkeiten sehen, die aufgestiegen sind und ihre Sichtweise erweitert haben, ohne uns dabei zu wünschen, ihnen gleich zu sein? Je mehr wir in der Lage sind, die Tiefe oder die Oberflächlichkeit jener alten Tugendhaften zu klären, die den Geist des Weges hatten, desto mehr müssen wir ihre zunehmende Erhabenheit und Standfestigkeit bewundern.

Hier ist ein Beispiel für mühsames Studium in Genügsamkeit, was die Praxis ist, sogar nachdem man den Weg erlangt hat.

Der große Lehrer Huizhao vom Linji-Tempel war auf dem Huangbo-Berg und pflanzte Kiefern, als Huangbo fragte: „Wozu pflanzt du so viele Kiefern tief in den abgelegenen Bergen?“ Linji (Huizhao) sagte: „Erstens, um eine Kulisse für das Kloster zu schaffen; zweitens, um einen Wegweiser für spätere Generationen zu errichten.“ Als er zu Ende gesprochen hatte, schlug er ein oder zwei Mal mit seiner Hacke auf den Boden. Huangbo sagte: „Obwohl es so ist, hast du meine dreißig Schläge erhalten.“ Linji schlug erneut zwei Mal mit der Hacke auf den Boden und flüsterte, zur Stille ermahnend: „Pst!“ Huangbo sagte: „Wenn du unsere Linie aufnimmst, wird sie groß in der Welt erblühen.“

Guishan brachte diese frühere Situation zur Sprache und fragte Yangshan: „Hat Huangbo damals nur Linji betraut, oder gab es noch eine andere Person?“ Yangshan antwortete: „Es gab einen. Aber diese Person stammte aus einer sehr fernen Zeit, deshalb kann ich sie dem Priester Guishan nicht nennen.“ Guishan meinte: „Selbst wenn das der Fall ist, möchte ich es trotzdem wissen, also versuche es mir zu sagen.“ Yangshan erwiderte: „Einer wird nach Süden gehen und seine Lehre wird über die Provinzen Wu (Jiangsu) und Yue (Zhejiang) herrschen; aber er wird auf einen großen Wind treffen (Fengxue Yen) und dann ruhen.“

Linji war zwanzig Jahre lang bei Huangbo und tat nichts anderes, als eifrig zu studieren und den Weg zu üben. Manchmal pflanzte er Kiefern, manchmal pflanzte er Zedern. Ist dies nicht das vertraute Gespräch und die vertraute Praxis der Landschaft des einzigen Berges und des Wegweisers der zehntausend Alten? In der Welt sagt man, dass die Weisen und Edlen die Tugend nicht vergessen, während die kleinen Leute Großzügigkeit nicht erwidern. Wie viel mehr müssen Kinder im Haus der Buddha-Ahnen die tiefe Freundlichkeit der Milch des Dharma zurückzahlen. Was wir die Rückzahlung dieses Segens (on) nennen, ist, Kiefern und Zedern zu pflanzen und mit unserem Haferschleim und Reis zufrieden zu sein. Sogar um derer willen, die aus sehr fernen Zeitaltern stammen, kehren wir zurück und pflanzen Bäume in den abgelegenen Bergen. Die Hacke schlug auf den Boden. Ihr habt meine Schläge bereits erhalten. Wenn unsere Lehre euch erreicht, wird sie in der Welt großartig gedeihen. Wenn ihr euch danach sehnt, eine Brücke zum Buddha-Weg zu sein, müsst ihr mit dieser Zeit von Linji vertraut werden.

Das Folgende ist ein Beispiel dafür, dass man nicht willkürlich auch nur eine geringfügige Position vergibt.

Eines Tages sah Huitang, dass Huanglong einen unruhigen Gesichtsausdruck zu haben schien. Als er ihn darauf ansprach, sagte Huanglong, er habe noch niemanden für die Buchhaltung (kanshu) gefunden. Daraufhin empfahl Huitang den Schatzmeister Nanyueh Cikan. Huanglong sagte: „Cikan ist immer noch ziemlich aggressiv, deshalb fürchte ich, dass kleinliche Leute versuchen könnten, ihm zu widerstehen und ihn zu täuschen."

Huitang sagte: „Gehilfe Shuangling Hua ist ziemlich ehrlich und umsichtig." Huanglong antwortete: „Obwohl du Hua als ehrlich und umsichtig bezeichnest, ist er nicht so großherzig und hingebungsvoll wie der Grundstücksverwalter Guishan Huaixiu."

Lingyuan Weiqing fragte Huitang später: „Warum hat Huanglong so lange wegen einer Buchhalterstelle überlegt?" Huitang sagte: „Für die Erhaltung eines Landes oder einer Familie ist dies von grundlegender Bedeutung. Nicht nur Huanglong hat so gehandelt, sondern auch andere frühere Weisen haben uns dazu ermahnt."

Später wurden die drei Priester, über die Huanglong und Huitang gesprochen hatten, Guishan Huaixiu, Shuangling Hua und Nanyue Cikan, alle zu landesweit bekannten Lehrern. Sogar Leute dieses Formats hatten zuvor Positionen wie Buchhalter, Grundstücksverwalter und Schatzmeister bekleidet. Die Suche nach solchen Leuten ist heute wie die Suche nach Pferden wie Feitu und Luer[99]. Die Burschen, die heute sogar als Leiter dienen, haben alle ein grobes Gesicht und einen rauen Charakter. Dennoch müssen wir in dieser Zeit diejenigen einstellen, die zumindest klug sind. So wie Huanglong besonnen mit dem Weg und umsichtig mit dem Dharma war, sollten wir diese Aufgaben nicht leichtfertig

---

[99] Legendäre Pferde eines alten Kaisers.

vergeben. Wenn man sie willkürlich vergibt, werden sofort Fehler auftreten.

Hier ein Beispiel, das zeigt, dass Tempelverwalter keine luxuriösen Gebäude errichten sollten, um sie zu hohen Hallen oder großen Türmen zu machen.

Der Priester Wuzu Fayan verkündete der Gemeinschaft: „Als der Lehrer meines Lehrers Yangqi zum ersten Mal auf dem Yangqi-Berg lebte, waren die Sparren des alten Daches morsch und schützten die Mönche kaum vor Wind und Regen. An einem strengen Winterabend wurden sie mit Schnee und Hagelkörnern konfrontiert, die die Sitzplattformen bedeckten, so dass es für sie keinen Platz gab, an dem sie sich wohlfühlen konnten. Diese Mönche in ihren Flickenroben baten aufrichtig darum, dass der Tempel repariert werde. Der Lehrer meines Lehrers Yangqi lehnte dies ab und sagte: ‚Unser Buddha hat gesagt, dass in diesem Zeitalter der abnehmenden Lebenserwartung selbst hohe Felsen und tiefe Täler unbeständig sind und sich ständig verändern. Wie ist es da möglich, die Befriedigung der eigenen Wünsche zu suchen und zu behaupten, dies sei ausreichend? Ihr alle habt euer Zuhause verlassen, um den Weg zu studieren, aber eure täglichen Aktivitäten (sashu kyaku) sind immer noch nicht befriedet (odayaka). Ihr seid bereits in euren Vierzigern oder Fünfzigern. Wie könntet ihr die Muße haben, euch mit dem Bau eines luxuriösen Gebäudes zu beschäftigen?‘ Also kam er ihrer Bitte nicht nach.

Am nächsten Tag kam Yangqi in die Halle, um eine Vorlesung zu halten, und sagte: ‚Wenn ihr zum ersten Mal im Yangqi-Tempel wohnt, findet ihr das Dach und die Wände eingebrochen, und die Plattformen sind mit Schnee besprenkelt wie kostbare Juwelen. Statt die Schultern einzuziehen, zu trauern und in der Finsternis zu seufzen, schaut zurück und erinnert euch an die Alten, die unter Bäumen lebten.'"

Die Menschen in der Welt und auch die Mönche wurden davor gewarnt, hohe Hallen und verzierte Pavillons mit malerischen Teichen zu bauen. Das Shitsu[100] sagt: „Willst du das Verhalten des Gelben Kaisers betrachten, betrachte den ‚Versammlungspalast'. Willst du das Verhalten von Yao und Shun betrachten, betrachte die ‚Totale Klarheit'. Der Nationalpalast des Gelben Kaisers hatte ein Strohdach und wurde ‚Versammlungspalast' genannt. Der Nationalpalast von Yao und Shun hatte ein Strohdach und wurde ‚Totale Klarheit' genannt."

Daraus solltet ihr ableiten, dass die alten weisen Herrscher ihre Palastwände und -decken nicht hochzogen und das Schilf und die Dornensträucher nicht von ihren Strohdächern abschnitten. Wer von den Nachkommen der Buddha-Vorfahren würde also daran arbeiten, elegante Gebäude mit zinnoberroten Türmen und juwelenbesetzten Dächern zu errichten? Es gibt nicht viel Zeit in diesem einzigen Leben; vergeudet sie nicht sinnlos. In den letzten zwanzig Jahren habe ich die beiden Nationen Japan und China beobachtet, und es gab

---

[100] Philosophisches Werk eines gleichnamigen Autors aus dem 4. Jh. v. Chr.

Ältere und Menschen in ihren besten Jahren, die ihre Zeit nicht zu schätzen wussten, und viele verloren in geschäftiger Eile die Orientierung, während sie sich sinnlos mit Bauprojekten (domoku) beschäftigten. Wie erbärmlich; wie bitter! Es ist, als ob sie guten Dharma (byakuho) weggeworfen und schlechtes Karma (kokugo) noch nicht aufgegeben hätten. Wenn ihr euch der Kürze des verbleibenden Lebens bewusst seid, wie könntet ihr dann große, erhabene Verdienste anstreben? Genau das ist die Absicht von Ahnherr Wuzu Fayan.

Leiter [Kan'in]

Das Amt des Leiters regelt alle allgemeinen Angelegenheiten des Tempels (inmon), wie z. B.: die Beantwortung von Anfragen der Regierungsbeamten, die Überwachung der Treffen der Sangha mit dem Abt, die Verwaltung der Dokumente und die Kontrolle der Verwaltung des Tempels. Die Aufgabe des Tempels ist es, die Beauftragten zu benennen, Dankes- oder Glückwunschbotschaften an andere Tempel zu übermitteln, die Sangha zu Zeremonien zu versammeln, sich mit Spendern zu treffen, Glückwünsche und Beileidsbekundungen bei Glück oder Unglück auszusprechen, Buch über Kredite und Anleihen zu führen, das Jahresbudget des Tempels zu beschließen, die Versorgung mit Geld und Getreide sowie Ausgaben und Einnahmen zu überwachen und Vorkehrungen für die Beschaffung von Lebensmitteln und anderen Materialien für die jährlichen Feiern zu treffen. Wann man Reis oder Gerste kauft und Miso oder Essig herstellt, sollte von der Jahreszeit abhängen. Auch die Gewinnung von Öl und das Mahlen von Körnern sollte im Auge behalten werden. Der Leiter muss ein fürsorgliches Herz haben, um immer wieder Mahlzeiten für die versammelten Mönche zu arrangieren und diejenigen, die aus allen vier Richtungen kommen, willkommen zu heißen, ohne einen von ihnen zu vernachlässigen.

Wenn der Leiter die Energie hat, sollte er die folgenden und andere Feierlichkeiten selbst verwalten: Wintersonnenwende, Neujahrsfeier, Feierlichkeiten zu Beginn und Ende der Sommer-Übungsperiode, Zeremonie des Auberginen-Röstens, Knabenfest am fünften Tag des fünften Monats, Fest der Weberin am siebten Tag des siebten Monats, Fest der doppelten Neun am neunten Tag des neunten Monats, Öffnen und Schließen des Ofens der Mönchshalle, Rohatsu (das Gedenken an Shakyamunis Erleuchtung am achten Dezember) und das Gedenken an Buddhas Hinübergehen ins Parinirvana Mitte Februar. Wenn die Kraft des Leiters nicht ausreicht, sollte er jemanden bitten, die Verantwortung zu übernehmen.

Kleinere Angelegenheiten des Tempels, z. B. alltägliche Angelegenheiten, kann man selbst regeln. Bei wichtigen Angelegenheiten oder außergewöhnlichen Situationen, die sich auf die Würde des Tempels auswirken, sollten die Tempelverwalter und Abteilungsleiter gemeinsam beraten und dann die Zustimmung des Abtes einholen. Wenn irgendjemand, vom Abt bis hinunter zu allen Gemeinschaftsmitgliedern, sich nicht an die Regeln gehalten oder gegen die Gefühle der Menschen verstoßen hat, ob in großen oder kleinen Angelegenheiten, sollte der Leiter es in jedem Fall sanft, aber vollständig ansprechen. Versäumt nicht, nur wegen eurer Zurückhaltung zu sprechen, aber sprecht auch nicht grob oder unwirsch.

Die Art und Weise der Unterweisung von Mönchsanfängern (zun'an) besteht darin, dass man es zuerst durch den wirksamen Einsatz geschickter Mittel (hoben) versucht. Schlagt sie nicht rücksichtslos. Wenn ihr eine disziplinarische Bestrafung durchführen müsst, sollte sie vor einigen anderen Mönchen im Dienstgebäude der Verwalter (kudo) vollzogen werden. Überschreitet nicht ungefähr zehn Schläge, bevor ihr aufhört. Um unerwartete Probleme zu vermeiden, dürft ihr nicht übermäßig zuschlagen.

Wenn ihr einen anwesenden Mönch aus dem Tempel ausschließt, muss der Mönch ausreichend Schuld auf sich geladen und die Umstände gestanden haben, und ihr müsst die Zustimmung des Abtes einholen. Natürlich solltet ihr eine solche Aktion nicht in einer Weise beschließen und durchführen, die Kritik von den Regierungsbehörden hervorrufen kann.[101] Wenn ihr jemanden einladet, solche Positionen wie Spendensammler (gaibo kesshu), Grundstücksverwalter (soshu), Holzkohleverwalter (tanju), Miso-Verwalter (shoju),

---

[101] Die Klöster wurden von der Regierung materiell unterstützt und waren steuerbefreit, jedoch auch überwacht.

Haferschleim-Verwalter (shukuju), Prajnaparamita-Sutra-Lehrer, Kegon[Avatamsaka]-Sutra-Lehrer, Badaufseher (yokusu), Wasserverwalter (suiju), Gartenverwalter (enju), Mühlenverwalter (maju) oder Lampenverwalter (toju) einzunehmen, beratet euch mit den Abteilungsleitern, um Menschen zu finden, die der Gemeinschaft helfen und nutzen. Wenn ihr das getan habt, müsst ihr die Zustimmung des Abtes einholen. Zögert bei diesen Ernennungen nicht leichtfertig.

Wenn Spender den Tempel betreten, richtet die Gästeplätze ein und begrüßt und bedient sie angemessen gemäß dem Dharma. Vor der Durchführung einer großen Feier sollte der Leiter sich mit den Tempelverwaltern [chiji] und Abteilungsleitern [choshu] beraten, um zu vermeiden, dass während der Veranstaltung etwas übersehen wird. Die Essenz der Position des Leiters ist es, die Weisen zu respektieren und jeden in der Gemeinschaft offen zu akzeptieren, so dass Ältere und Jüngere friedlich in Harmonie und Freundschaft bleiben und in der großen Sangha kooperativ funktionieren, und damit jeder ein glückliches Herz hat. Der Leiter darf sich nicht überanstrengen und sich auf seine Kraft allein verlassen und gedankenlos von der großen Sangha fernhalten. Führt auch keine Aufgaben nach eigenem Gutdünken aus und stört nicht den Frieden der Gemeinschaft.

Sofern er nicht krank ist oder sich mit offiziellen Gästen trifft, sollte der Leiter immer zu den entsprechenden Zeiten in die Halle zur Übung mit der Gemeinschaft gehen. Dies ist wichtig, damit die servierenden Mönche bei beiden Mahlzeiten nicht gestört werden. Wenn die verfügbaren Mittel des Vorratshauses knapp sind und Vorräte benötigt werden, soll der Leiter sich eifrig bemühen, einen Plan zu entwerfen. Er soll den Abt nicht beunruhigen oder in der Sangha Bedenken äußern.

Unter den Menschen, die mit dem Leiter zusammenarbeiten, sollten diejenigen, die begabt und tugendhaft sind, ermutigt und gelobt werden. Wenn die Arbeit einiger nicht vorankommt und die Aufrichtigkeit ihrer Praxis (bongyo) fragwürdig ist, soll man sie an einem diskreten Ort ermahnen und sie empört zurechtweisen, damit sie sich erneuern und lange im Dharma verbleiben können. Wenn ein großer Fehler absichtlich begangen wurde und dem Tempel schadet, soll man den Abt unter vier Augen darüber informieren. Was die vielen anderen Angelegenheiten angeht, die vor uns auftauchen können: Sitzt einfach da und beobachtet, wie sie gelingen.

Die Aufgabe des Leiters wird zum Wohle der Öffentlichkeit [d. h. aller Wesen] erfüllt. Zum Wohle der Öffentlichkeit bedeutet, ohne private Neigungen zu handeln. Handeln ohne private Neigungen bedeutet, sich auf die Alten zu besinnen (keiko) und sich nach dem Weg zu sehnen. Sich nach dem Weg zu sehnen bedeutet, dem Weg zu folgen. Lest zuerst das Zen'en Shingi und versteht es als Ganzes, dann handelt mit eurer Entschlossenheit (nen) in Übereinstimmung mit dem Weg. Wenn ihr Angelegenheiten erledigt, beratet euch unbedingt mit den Tempelverwaltern, bevor ihr sie ausführt.

Ohne die Dinge als groß oder klein anzusehen, beratet euch mit den Menschen, bevor ihr euch um die Angelegenheiten kümmert. Das ist genau das Handeln zum Wohle der Allgemeinheit. Obgleich ihr Überlegungen anstellt – wenn ihr die Worte anderer nicht berücksichtigt, ist es so, als hättet ihr sie nicht konsultiert.

Die Pflicht des Leiters ist es, alle Mönche zu akzeptieren und für den Frieden der Gemeinschaft zu arbeiten. Aber haltet es nicht für wichtig, dass es viele Mönche gibt; nehmt es nicht auf die leichte Schulter, wenn es wenige sind. Devadatta zum Beispiel lockte fünfhundert Mönche an, ihm zu folgen, aber das Ergebnis war Schlechtigkeit.[102] Eine große Gemeinschaft von Mönchen zu leiten, aber außerhalb des Weges zu sein, ist völlig falsch. Yaoshan war ein alter Buddha, aber es waren nicht mehr als zehn Mönche in seiner Sangha. Zhaozhou war auch ein alter Buddha, aber es waren nicht mehr als zwanzig Mönche in seiner Sangha. Die Sangha von Fenyang bestand aus nur sieben oder acht Mönchen. Erkennt einfach, dass die Buddha-Vorfahren zusammen mit den großen erwachten Drachen nicht durch die Größe ihrer Gemeinschaften begrenzt sind. Sie legen nur Wert darauf, den Weg zu haben, nicht darauf, ob es eine überfüllte Versammlung gibt. Jetzt und in Zukunft sind viele, die den Weg haben und Tugend besitzen, in der Linie von Yaoshan und Nach-

---

[102] Devadatta, ein Cousin und zeitweise Rivale Buddhas, versuchte sogar, diesen zu töten, ehe er sich bekehrte.

kommen von Fenyang[103]. Wir müssen Yaoshans Familienstil schätzen und das ausgezeichnete Beispiel Fenyangs verehren. Ihr solltet wissen, dass – selbst wenn es hundert, tausend oder zehntausend Mönche gibt – ohne den Geist des Weges und ohne die Praxis der Besinnung auf die Alten die Sangha minderwertig ist wie Kröten und niedriger als Regenwürmer. Selbst eine Gemeinschaft von sieben, acht oder neun Mönchen, die den Geist des Weges haben und über die Alten kontemplieren, ist besser als Drachen und Elefanten und übertrifft die Weisheit der Weisen.

Was man den Geist des Weges nennt, ist nicht, den großen Weg der Buddha-Vorfahren aufzugeben oder zu zerstreuen, sondern ihren großen Weg zutiefst zu schützen und zu achten. Nachdem ihr Ruhm und Gewinn aufgegeben und euer Heimatland verlassen habt, betrachtet deshalb Gold als Kot und Ehre als Spucke, und ohne die Wahrheit zu verdunkeln oder Unwahrheiten zu befolgen, haltet die Regeln von richtig und falsch ein und vertraut alles den Richtlinien für das Verhalten an. Schließlich ist, den gewöhnlichen Tee und Reis aus dem Haus der Buddha-Vorfahren nicht billig zu verkaufen oder zu entwerten, genau der Geist des Weges.

Darüber hinaus ist das Nachdenken darüber, dass die Einatmung nicht auf die Ausatmung wartet, auch der Geist des

[103] Fenyang war in der Linji/Rinzai-Linie, Yaoshan der Lehrer von Yunyan, bei dem wiederum Dongshan Liangjie übte, der Begründer der Caodong/Soto-Linie, in der Dogen sich verankerte. Insofern haben die wesentlichen Zen-Linien auch heutzutage zu einem von beiden einen Bezug.

Weges und bedeutet Sorgfalt.[104] Die Kontemplation über die Alten befähigt das Auge der Essenz der Vorfahren, aufmerksam zu beobachten, und befähigt das Ohr der Vergangenheit und der Gegenwart, wachsam zu lauschen, so dass wir unsere Körper als ausgehöhlte Kavernen des gesamten leeren Himmels akzeptieren und einfach sitzen, alle Schädel unter dem Himmel durchdringen, unsere Fäuste weit öffnen und bei unseren eigenen Nasenlöchern verweilen. Dies ist das Bringen des klaren, durchsichtigen Himmels, um die weißen Wolken zu färben, und das Befördern des Wassers des Herbstes, um den hellen Mond zu waschen, und ist die Erfüllung der Praxis der Kontemplation über die Alten. Wenn eine solche Gemeinschaft sieben oder acht Mönche hat, kann sie ein großes Kloster sein. Das ist so, als ob man alle Buddhas in den zehn Richtungen sehen könnte, wenn man den einzigen Buddha Shakyamuni sieht. Wenn die Sangha nicht so ist, dann ist sie – selbst wenn sie eine Million Mönche hat – kein echtes Kloster und keine Sangha auf dem Buddha-Weg.

Wenn der Leiter ehrenwerte Personen mit dem Geist des Weges sieht oder die sich in der Kontemplation über die Alten üben, sollte er mit Wertschätzung und Fürsorge tiefes Mitgefühl für sie aufbringen. Wenn er jedoch Menschen begegnet, die keinen Glauben oder keine Loyalität zu den dreifachen Juwelen haben, obwohl sie tatsächlich mit Lehrern zusammengetroffen sind oder Sutras [gelesen haben], oder

[104] D. h. sich bewusst machen, dass jeder Atemzug einzigartig ist und der letzte sein könnte.

denjenigen, die nicht achtsam auf den Weg sind und sich nicht in der Kontemplation über die Alten üben, dann muss [der Leiter] sich bewusst sein, dass sie dämonisch veranlagt (mato) sind oder ihnen der erforderliche Glaube fehlt (sendai), um in die Praxis einzutreten. Wenn er dies weiß, soll er sie nicht in die Sangha aufnehmen. Buddha sagte: „Menschen ohne Glauben sind wie zerbrochene Krüge.“[105] Deshalb können Lebewesen ohne Glauben an den Buddha-Dharma natürlich keine Gefäße des Buddha-Dharma werden. Buddha sagte: „Der große Ozean des Buddha Dharma kann aufgrund des Glaubens betreten werden.“[106] Versteht klar, dass wir nicht mit Wesen zusammenleben sollten, die keinen Glauben haben.

Zen-Meister Huanglong Huinan sagte: „Dies ist das Ende des Schein-Dharma-Zeitalters [zoho], so dass viele Menschen von Arroganz berauscht sind und Eitelkeiten lieben, während sie schon ein wenig Wahrheit verabscheuen. Begreift, dass die Liebe zu Eitelkeiten zur Falschheit führt.“

Der ehrwürdige Sanghanandi[107], der wusste, dass die Gemeinschaft stolz wurde, sagte: „Es sind mehr als achthundert Jahre seit dem Übergang von Shakyamuni ins Parinirvana unter den Zwillings-Salabäumen vergangen; den Menschen fehlt es an beharrlichem Glauben (shishin) und die rechte Achtsamkeit (shonen) ist schwach geworden. Sie respek-

---

[105] Anguttara Nikaya.

[106] Avatamsaka-Sutra.

[107] Der 17. indische Zen-Patriarch.

tieren die Soheit (shinnyo) nicht, sondern lieben nur übernatürliche Kräfte (jinriki)."[108] Wie bedauerlich, dass sie schon nach nur achthundert Jahren, also noch innerhalb von zweitausend Jahren nach Shakyamuni,[109] keinen aufrichtigen Glauben hatten und die rechte Achtsamkeit schwach war. Wie viel mehr können die heutigen Laster nicht mit jener Zeit verglichen werden? Was können wir mit den vier verkehrten Ansichten[110] anfangen? Die drei Gifte[111] sind schwer loszulassen. Selbst wenn fähige Menschen in den Bergen und auf den Feldern zu finden sind – können sie auch in den Klöstern gefunden werden? Um sie darauf vorzubereiten, das Echte vom Falschen zu unterscheiden, darf der Weg der Weisheit nicht versperrt werden.

Wenn er sieht, dass jemand sich dem Weg verschrieben hat, sollte der Leiter diese Person auf jeden Fall auf einen verantwortlichen Posten in der Gemeinschaft befördern. Wenn die Person befördert wird, aber nicht annimmt, sollte man das nicht bedauern. Im Allgemeinen ist es die einzig hilfreiche geistige Einstellung (shinjutsu), nicht kurzsichtig zu sein, sondern langfristig zu denken. Wenn der Leiter einen Vorteil sieht, sollte er sich nicht freuen, und wenn er einen Nachteil sieht, sollte er sich nicht sorgen. Die Kultivierung von Ruhm, Lob und Vorteil behindert den Weg ernsthaft. Deshalb haben

---

[108] Keitoku Dentoroku.

[109] D. h. vor dem entarteten Letzten Dharma-Zeitalter.

[110] Das Leugnen von Unbeständigkeit, Unreinheit, Leiden und dem Fehlen eines inhärenten Selbst.

[111] Gier, Hass, Verblendung.

in alten Zeiten alle Laien und das Zuhause Verlassende, die sich nach dem Weg sehnten, solche Gedanken an Gewinn aufgegeben. Wie viel weniger können da erst die Nachkommen der Buddha-Vorfahren, die die klösterliche Praxis (soseki) vollständig pflegen, jemals dem Ruhm, dem Gewinn oder dem Reichtum frönen?

Der frühere Zen-Meister Dongkeng Yanjun vom Kannon-Tempel in Dongkeng war ein Schüler von Zen-Meister Touzi Datong vom Touzi-Berg. Da er weithin an den Sitzen der Vorfahren (henzan) studierte, reiste er in die Berge Heng, Lu und Min und nach Xishu [Sichuan]. Als er einmal durch ein tiefes Tal in Fengling ging, stieß er plötzlich auf ein wertvolles Juwel. Auch seine Reisegefährten bemerkten es und waren gerade dabei, es an sich zu nehmen.

Yanjun sagte: „Ein alter Mann stieß beim Pflügen eines Feldes auf einige Goldstücke, aber er ignorierte sie, als wären es Kacheln und Kieselsteine. Wartet, bis ich es geschafft habe, einen Gipfel zu bedecken, indem ich einen Tempel errichte; dann werde ich dieses Juwel benutzen, um Mönchen zu dienen, die aus den vier Richtungen kommen." Nachdem er dies gesagt hatte, warfen sie das gefundene Juwel weg und machten sich auf den Weg.

Ihr solltet wissen, dass es der Pfad der Weisheit selbst eines weltlichen Menschen ist, Goldstücke zu sehen, während er ein Feld pflügt, und sie dennoch wie Kacheln und Kieselsteine zu ignorieren. Ein wertvolles Juwel in einem tiefen Tal zu sehen und es wegzuwerfen und zu verlassen, ist der Fußabdruck, den ein Buddha-Vorfahr hinterlassen hat. Um dem Lebenspuls der Buddha-Vorfahren zu folgen, soll man nicht nach weltlichem Gewinn streben. Was als weltlicher Gewinn bezeichnet wird, sind die Opfergaben von Menschen und himmlischen Wesen und die Gunst (kie) von Königen und Ministern. Nehmt nichts an, was nicht mit dem Dharma in Einklang steht. Wünscht euch demütig, ein Lehrer der aus dem Zuhause gezogenen Mönche zu sein, und nicht ein Lehrer der Könige und Minister. So setzt die aus dem Zuhause Gezogenen an die erste Stelle und die Haushälter an die zweite, schätzt die Mönche, während ihr die weltlichen Menschen (zoku) eher geringschätzt.

Zen-Meister Mingzhao erzählte: „Zen-Meister Daixue Huailian wohnte im Guanri-Zen-Tempel auf dem Berg Ayuwang. Es kam vor, dass zwei Mönche nicht aufhörten, darüber zu streiten, wer von einer Spende profitieren sollte. Die Tempelverwalter waren nicht in der Lage, ein Urteil zu fällen. Zen-Meister Daixue rief die beiden Mönche zu sich und ermahnte sie folgendermaßen: ‚Einst war der Beamte Bao Richter in Kaifeng und ein Bürger erklärte, dass jemand, der ihm hundert Münzen geliehen hatte, gestorben sei. Nun wollte er das Geld an die Familie zurückgeben, aber der Sohn wollte es nicht annehmen. Er bat den Richter, den Sohn vorzuladen, damit das Geld zurückgegeben werden konnte. Der Richter war gerührt über diese ungewöhnliche Situation, lud den

Sohn vor und besprach die Angelegenheit. Der Sohn lehnte das Geld mit der Begründung ab, dass sein verstorbener Vater keine persönlichen Vorräte an Silber besaß, die er an andere Leute verleihen konnte. Lange Zeit beharrte jeder der beiden Männer unnachgiebig darauf, dass das Geld dem anderen gehöre. Der Richter konnte nichts tun und ordnete an, dass sie das Geld an buddhistische und taoistische Tempel in der Stadt für Zeremonien spenden sollten, die dem Segen des Verstorbenen in den unbekannten Reichen nach dem Tod (meifuku) gewidmet waren. Ich war selbst Zeuge dieser Angelegenheit. Deshalb sind selbst solche Menschen, die in der staubigen Welt arbeiten, noch in der Lage, Reichtum zu meiden und sich nach Gerechtigkeit zu sehnen. Ihr, die ihr Buddhas Schüler geworden seid, kennt solche Integrität nicht.' Schließlich verwies Daixue beide streitenden Mönche gemäß der Klosterordnung aus dem Tempel."[112]

Wenn ich nun darüber nachdenke, dass dieser Sohn das Geld nicht annahm, wie konnte er da den Reichtum einfach verschmähen und die Gerechtigkeit so verehren? Sicherlich geschah dies alles aus Rücksicht auf seine Familie und aus Respekt vor seinem Vater. Nennt dies nicht bloß das treue Herz eines Menschen, der in der Welt arbeitet. Es ist vielmehr wie das Juwel im Haarknoten[113] von jemandem, der sein Zuhause verlassen hat, um den Weg zu studieren. Shukan aus der Han-Dynastie sagte: „Mit viel Reichtum werden die

---

[112] Siehe das Chanmen Baoxun von Dahui und Zhu'an Shigui.

[113] Im Lotus-Sutra ein Symbol für die höchste Lehre.

Weisen ihr Streben verlieren. Mit viel Reichtum werden die Törichten ihre Fehler vermehren.“ Wenn weltliche Menschen so sind, wie können dann Mönche nach Gewinn streben? Sowohl die Weisen als auch die Törichten werden vor großem Reichtum gewarnt. Sollte man tausend Goldstücke mehr lieben als die Worte dieses alten Weisen?

Im Luzhi Chunqiu heißt es: „Kaiser Yao berief Xuyu aus der Schar der Bürgerlichen, Lehrer aller Menschen unter dem Himmel zu werden. Xuyu lehnte ab und versteckte sich auf dem Berg Jiashan.“ Man sollte wissen, dass selbst ein Laie die Herrschaft übers Land verschmähte und den Weg schätzte. Wie viel weniger könnten Buddhas Kinder jemals dem großen oder kleinen Gewinn frönen und nicht auf den Schaden achten, den der Reichtum für einen selbst und für andere bedeutet? Wenn man den Buddha-Weg kultiviert, ist es Reinheit und Ehrlichkeit, den Gewinn wie eine Schlange, wie Gift, wie Spucke oder wie Exkremente zu betrachten. Das Zen'en Shingi sagt, man solle genau abwägen, ob man den Dharma um des Profits willen darlegt oder nicht.“

Wenn der Leiter irgendeinem menschlichen oder himmlischen Wesen begegnet, das der Sangha Opfergaben oder Spenden für die Errichtung von Gebäuden bringen will, muss der Leiter zuerst genau prüfen, ob der Spender wahren Glauben oder Mangel an Glauben und Reinheit oder Mangel an Reinheit hat, und sich dann mit dem Abt beraten und es abwägen. Wenn der reine Glaube und die rechte Sichtweise (shoken) des Spenders bestätigt wird, dann genehmigt die

Spende; andernfalls erlaubt sie nicht. Es wird wahrer Glaube genannt, wenn er wie Sudattas treues Herz oder Prinz Jetas wohlwollende Gerechtigkeit ist. Sudatta wurde als Sudatta bewundert, nicht weil er großen Reichtum hatte. Jeta war Jeta, weil er wahrhaftig edle Armut besaß. Wegen ihres wahren Glaubens wurden sie mit der Zustimmung des Tathagata empfangen. Selbst wenn diejenigen, die zuvor keinen wahren Glauben an die drei Juwelen hatten, angesichts des Endes ihres Lebens ein wenig Verdienst und Tugend kultivieren, indem sie eine Gabe darbringen, sollte ihre Gabe schnell angenommen werden.

Im dritten Abschnitt des Agama „Erhöhung durch Einen" heißt es: „Als er im Jetavana Vihara war, informierte Buddha die Mönche, dass sie Spender und Gönner so verehren sollten, als ob sie Väter und Mütter unterstützen und ihnen dienen würden. Spender ermöglichen es Mönchen, die Gebote, die Konzentration und die Weisheit mit ihren vielen reichhaltigen Vorteilen ohne irgendwelche Hindernisse in den drei Juwelen auszuführen. Spender sind in der Lage, die vier Notwendigkeiten Nahrung, Kleidung, Bettzeug und Medizin zu geben, daher sollten Mönche den Spendern gegenüber ein mitfühlendes Herz haben. Wenn schon eine kleine Wohltat nicht vergessen werden sollte, wie viel mehr eine große. Deshalb müsst ihr in den drei Handlungen des Körpers, der Rede, des Herzens sorgfältig sein, um den Segen dieser Spender nicht vergeblich zu verwerfen, sondern folglich das große Ergebnis der Buddhaschaft zu erlangen und ihren Ruhm für ihre Großzügigkeit zu verbreiten. Ehret die Gönner so, wie ihr den Verirrten den Weg weisen, die Not der Verängstigten beenden, den Obdachlosen Obdach geben, die Armen speisen oder den Blinden das Augenlicht schenken würdet." Daher können wir sehen, dass die Verehrung und das mitfühlende Herz für Spender und Gönner die Lehre und das Dekret des weltgeehrten Tathagata [Shakyamuni] war.

Obwohl das Erleben des großen Ergebnisses der Buddhaschaft aufgrund kleiner Ursachen möglich ist, liegt dies nur innerhalb des Segensfeldes der drei Juwelen. Der Ahnenlehrer Nagarjuna sagte: „Kleine gute Taten sind in der Lage, das große Ergebnis hervorzubringen, z. B. das Ergebnis, Buddhaschaft anzustreben, indem man Buddha mit einem einzigen Vers oder einer einzigen Namensanrufung preist, indem man ein einziges Räucherstäbchen anzündet oder eine einzige Blume darbringt. Geringfügige Handlungen wie diese können definitiv die Buddhaschaft hervorbringen."

Im Allgemeinen muss der Lebensunterhalt der Mönche (shoku) von den vier falschen Existenzen oder den fünf Fehlern getrennt sein. Auch die Nahrung der Mönche in den Klöstern muss auf diese Weise eingenommen werden. Der Leiter und der Abt müssen diese Warnung unbedingt beherzigen.

Die vier falschen Existenzen werden so genannt: Erstens das so genannte Weisungsunrecht der Übermittlung von Aufträgen (kata) für die nationale Regierung. Zweitens das so genannte fesselnde Unrecht der Medizin oder der

Wahrsagerei und Geomantie (bokuso). Drittens der so genannte Blick nach oben, eine falsche Wahrsagetechnik, bei der der Blick nach oben gerichtet wird, um Sonne, Mond und Sternbilder zu beobachten (jussu). Viertens das so genannte unterirdische Unrecht, Samen zu säen oder Wurzeln der fünf Körner zu pflanzen.[114]

Die oben genannten vier falschen Lebensweisen werden auch als die vier Lebensweisen des Mundes und als die vier unreinen Nahrungsmittel bezeichnet. Sie sollten nicht konsumiert werden.

Die fünf Fehler oder Ungerechtigkeiten sind: Erstens, um Opfergaben zu erhalten, eine ungewöhnliche, majestätische Erscheinung präsentieren. Zweitens, um Opfergaben zu erhalten, seine eigenen Verdienste darlegen. Drittens, die Vorhersage von gutem und schlechtem Schicksal, während man den Menschen den Dharma erklärt. Viertens, eine kräftige Stimme zu benutzen, um würdevoll zu erscheinen und die Ehrfurcht der Menschen zu wecken. Fünftens, die Herzen der Menschen zu berühren, indem man ihnen erklärt, was sie durch Opfergaben gewinnen können.

Nahrung, die durch diese fünf falschen kausalen Bedingungen erworben wurde, sollte nicht gegessen werden. Für Buddha-Schüler, die gute spirituelle Freunde (chishiki) sind, ist das schnelle Verlassen dieser fünf falschen Zustände der rechte Lebensunterhalt (shomyo). Das Zen'en Shingi sagt:

---

[114] Dies steht offensichtlich im Widerspruch zu vorher von Dogen über den Gartenverwalter Gesagtem.

„Überlege, ob das Eigentum des Tempels beschädigt worden ist oder nicht." Es heißt, dass man das Eigentum des Tempels nicht beschädigt, indem man nichts annimmt, was aus diesen vier oder fünf Ungerechtigkeiten stammt. Das liegt daran, dass diejenigen, die aufgrund der vier oder fünf falschen Lebensgrundlagen essen, Schwierigkeiten haben, die rechte Sichtweise zu verwirklichen.

Der Leiter sollte es immer vermeiden, mit Personen zusammen zu sein, die nicht den Geist des Weges haben, oder mit denen zu verkehren, die sich nicht darin üben, über die Alten nachzudenken. Vertrautheit mit solchen Menschen wird den Weg behindern, und ein Abrutschen vom Weg wird die unmittelbare Folge sein. Jemand, der ein Herz für den Weg hat, ist ein edler Mensch auf dem Buddha-Weg. Eine Person ohne Herz für den Weg ist eine kleine Person auf dem Buddha-Weg.

Zhuangzi sagte: „Alle Menschen unter dem Himmel haben einen sehnlichen Wunsch. Wenn diese Sehnsucht (jun) nach Wohlwollen und Gerechtigkeit besteht, dann nennen die Leute sie edle Menschen (kunshi). Wenn ihre Sehnsucht nach materiellem Reichtum ist, nennen die Leute sie kleine Menschen." Chen Xiuwen sagte: „Edle und kleine Leute sind Titel zur Klassifizierung von Menschen. Wenn man den Weg beschreitet, wird man edel. Ansonsten wird man klein." So ist auch der Buddha-Weg. Ob mit Leiden oder Erfolg, wir müssen beharrlich auf den Geist des Weges antworten. Deshalb sollte man frühere Worte und Taten vom Geist des Weges hören und sie heute zu seinem innersten Herzen und seiner Augenpupille machen.

Der Leiter kultiviert den Dharma-Anstand, damit die würdigen Umgangsformen, die sich verschlechtert haben, wieder aufblühen. Das Zen'en Shingi sagt: „Gehorche äußerlich den Gesetzen der Regierung; halte dich innerlich an die Kloster-Vorschriften." Die erhabene Gemeinschaft der Buddha-Ahnen, das Kloster der spirituellen Freunde, ist der Ort, an dem das Dharma-Gesetz (hatto) feierlich befolgt und die respektvolle Art und Weise beibehalten wird. Wenn der Anstand nicht tatsächlich gezeigt wird, wird der Weg unsinnig. Wenn der Anstand nicht gezeigt wird, wird das, was nicht Anstand ist, Anstand genannt; wenn der Weg unsinnig ist, wird das, was nicht der Weg ist, Weg genannt.

Chengjin aus der späteren Han-Dynastie war Gouverneur von Nanyang, aber er saß nur da und plapperte, als würde er seine Pflichten ignorieren. In drei Jahren wurde jedoch viel erreicht. Innerhalb der angestaubten Laien-Gesellschaft hatte dies Einfluss, für die Welt war es ein Wunder. Wir sollten erkennen, dass große Errungenschaften nichts mit Reden oder Nicht-Reden zu tun haben, oder mit Anstrengung oder mangelnder Anstrengung. Eine derartige Anstrengung ist das Vorzüglichste. Was als das Vorzüglichste bezeichnet wird, ist, nicht zu handeln, außer wenn es mit der Wahrheit übereinstimmt.

In den Han-Chroniken sagte der Kaiser Cheng: „Der Himmel schuf die Menschenmassen, aber sie waren nicht in der

Lage, sich selbst zu regieren, also wurde ein Herr erhoben, um mit Gerechtigkeit zu führen." Bei den buddhistischen Tempeln ist es genauso. Wolken- und Wassermönche waren nicht in der Lage, sich gegenseitig zu maßregeln, also wurde ein Abt [shukuhanju] eingesetzt, um mit Gerechtigkeit zu führen.

Mozi sagte: „Die Rechtschaffenheit der Alten war die gleiche wie die des Himmels. Deshalb wählten sie eine weise Person, als sie den Kaiser als Sohn des Himmels einsetzten. Da die Weisheit und Kraft des Sohnes des Himmels nicht ausreichte, um alles unter dem Himmel allein zu regieren, wurden drei Minister unter ihm eingesetzt." Es scheint, dass entsprechend diesen Worten die Buddhas sich gegenseitig und die Ahnen auf rechte Weise die Einrichtung von Gast und Gastgeber und den Respekt vor der Beziehung von Lehrern und Schülern übermittelten. Das Zen'en Shingi sagt: „Heute sind wir vorübergehend Gast und Gastgeber, aber bis zum Ende unseres Lebens werden wir Lehrer und Schüler sein." Dies ist die gleiche Bedeutung.

Wann immer er das Antlitz eines Mönchs aus den zehn Richtungen sieht, tanzt der Leiter daraufhin innerlich vor Freude und ist entzückt. Das Zen'en Shingi sagt: „Wenn seine Fähigkeit, Mönche zu akzeptieren, nicht großzügig und sein Herz der Zuneigung für Mönche nicht warm ist, kann der Leiter die Sangha nicht beschützen." Der Buddha sagte zu Ananda: „Wenn Bodhisattva-Mahasattvas (bedeutende Wesen) zusammenwohnen, ist es, als ob man den Weltgeehrten sieht. Das ist so, weil sie meine wahren Gefährten sind. Sie studieren das, was ich studiere, als würden sie in einem einzigen Boot fahren." Deshalb sollten der Abt des Tempels, die Verwalter, die Abteilungsleiter und alle Mönche die Anweisungen des Buddha weitergeben, zusammenzuleben und sich gegenseitig als den Weltgeehrten sehen. Auf dem essentiellen Pfad der Befreiung ist nichts wichtiger als dies.

Der Leiter unterweist neu angekommene Mönche. Das „Sutra der dreitausend Haltungen" sagt: „Es gibt zehn Dinge, die man für neu angekommene Mönche bereitstellen muss. Erstens muss man ihnen einen Raum zum Ausruhen geben.[115] Zweitens muss man sie mit dem Nötigsten versorgen. Drittens soll man sie morgens und abends aufsuchen und grüßen. Viertens soll man sie über die Sitten und Gebräuche der Region informieren. Fünftens soll man ihnen beibringen, die persönlichen Namen der Verstorbenen zu vermeiden und stattdessen deren posthume Namen zu benutzen. Sechstens soll man ihnen die Wege für die Bettelrunde erklären. Siebtens soll man ihnen sagen, was von den Mönchen in diesem Tempel verlangt wird. Achtens soll man ihnen sagen, was sie essen sollen. Neuntens soll man ihnen von den Verboten in den Bezirksgesetzen erzählen. Zehntens soll man ihnen sagen, wo sie vor Straßenräubern und Dieben sicher sind."

Auch das „Sutra der dreitausend Haltungen" meint: „Wenn Spender kommen und sagen, dass sie eine Opfergabe

---

[115] Im Folgenden sind Praktiken, die in Südasien üblich waren, mit denen aus Dogens Tradition vermischt.

machen wollen, sollte der Leiter, ohne gesehen zu haben, was es ist, anderen nicht davon erzählen." Das „Sutra der dreitausend Haltungen" sagt auch: „Es gibt fünf Anweisungen, die man den Personen geben soll, die in der Stadt einkaufen. Erstens, weise sie an, nicht mit Leuten zu streiten. Zweitens, weise sie an, reine Waren zu kaufen. Drittens sollen sie niemanden stören oder belästigen. Viertens sollen sie nicht erwarten, dass die Leute um sie herumlaufen und sie bedienen. Fünftens sollen sie auf die Gedanken der Menschen Rücksicht nehmen." Wenn Mönche oder Arbeiter zum Einkaufen in die Stadt gehen, sollte der Leiter sie erst ausführlich informieren, bevor er sie losschickt.

Obwohl das Zen'en Shingi von solchen Zeremonien wie dem Knabenfest und dem Fest der Weberin spricht, bin ich doch wegen des Familienstils der Buddha-Vorfahren besorgt über diese weltlichen Bräuche. Wer könnte in abgelegenen Bergen und nebligen Tälern, in schilfgedeckten Hallen mit Reisigtüren solch aufwendige Vorbereitungen ertragen? Einfach nur der Sangha Opfergaben und Frieden in die Gemeinschaft zu bringen und nicht nach Fehlern und Unzulänglichkeiten der Mönche zu suchen, ist die hilfreiche geistige Einstellung des Leiters.

Jetzt befinden wir uns im Land Japan, einer weit entfernten Insel, mehr als hundertzehntausend Li [etwa 270.000 Meilen] von Buddhas Geburtsland entfernt. Seit Buddhas Übergang ins Parinirvana (metsudo) sind etwa zweitausendzweihundert Jahre[116] vergangen. Obwohl wir wahrlich trauern müssen, weil wir zeitlich so weit von diesem Weisen entfernt sind, können wir frohlocken, Mönche zu sehen und den Dharma zu hören. Wir üben uns freudig in unserer eigenen sorgfältigen Praxis und erwidern die wohlwollende Tugend der Essenz der Vorfahren, indem wir die erhabenen Taten von Wuzu Fayan erläutern und die hilfreiche Haltung von Fushan Fayuan betrachten.

Ino [Aufseher der Mönche]

Der Ino wird in China Yuezhong [Spender der Freude an die Gemeinschaft, jap. esshu] genannt. Im Allgemeinen beaufsichtigt der Ino alle Angelegenheiten der Mönche. Diejenigen, die neu angekommen sind, um ihr Hab und Gut als Bewohner der Gemeinschaft aufzuhängen, sollten mit Höflichkeit und Wertschätzung behandelt werden. Diejenigen, die anderswo als Tempelverwalter [chiji] gearbeitet haben, und alle bekannten tugendhaften Mönche sollten besonders einem besseren Schlafsaal (ryo) zugewiesen werden. Ehemaligen Äbten, die aus ihren Tempeln ausgeschieden sind, sollten Sitzplätze für die Mahlzeiten in der Mönchshalle an den drei Kopfsitzen [seido, godo und tanto] zugewiesen werden, entsprechend der Seniorität in ihrem Aufzeichnungsbuch als Abt (jujicho) oder ihren Dokumenten über die Eröffnung der

[116] Zu Dogens Lebzeiten wurden räumliche und zeitliche Abstände noch anders eingeschätzt als heute.

Halle (kaidosho). In ähnlicher Weise sollten andere bekannte, tugendhafte Mönche entsprechend ihrem Ordinationsalter neben den drei Kopfsitzen platziert werden.

In der Mönchshalle ist es im Winter und im Sommer die Aufgabe des Ino, die Wollmatten auf den Podesten hinzuzufügen oder zu entfernen, die warmen Stoffvorhänge und die kühlen Bambusvorhänge an den Eingängen auszutauschen und die Holzkohlegrube hinter dem Altar zum Wärmen der Halle zu öffnen oder zu schließen. Vor der Sommerpraxiszeit sollte ein Schild mit einer Liste aller Teilnehmer in der Reihenfolge ihres Ordinationsalters erstellt werden.

Der Ino sollte Manjushris Jisha immer den Weihrauch und die Lampen an den Altären vorbereiten lassen und die Opferschalen vor der Halle reinigen, bevor die Sangha kommt. Der Ino und die Doan-Assistenten kümmern sich um die Türen und Fenster in den verschiedenen Schlafsälen der Mönche und überprüfen die Vorhänge vor den Bettzeugschränken an jedem Platz auf den Sitzplattformen. Sie vergewissern sich auch, dass die verschiedenen Utensilien und Vorräte in Ordnung sind, und müssen immer darauf achten, dass sie ordentlich aufbewahrt werden. Wenn etwas kaputt ist oder fehlt, bitten sie den Leiter oder den Arbeitsleiter [shissui], es zu ersetzen.

Zusammen mit dem Leiter des Krankenzimmers (enjudo) sollte der Ino dafür sorgen, dass sich das Personal um Essen, Bettzeug und andere Bedürfnisse der kranken Mönche kümmert, und er sollte niemals zulassen, dass Kranke vernachlässigt werden. Im Tempel werden Positionen wie die Abteilungsleiter, die Jisha des Abtes, der Leiter der Krankenstation, der Verantwortliche der Holzkohlegrube, der Leiter der Studienhalle, der Obermönch und der Bibliothekar vom Ino empfohlen.

Wenn in der Buddha-Halle oder in anderen Altarhallen großzügige Summen von Opfergeldern hinterlassen werden, ernennt der Abt jemanden zum Einsammeln.

Bei schwerwiegenden Verstößen gegen die Regeln wird die betreffende Person nach Zustimmung des Abtes aus der Gemeinschaft ausgeschlossen. Bei einer geringfügigen Angelegenheit sollte die Person lediglich das Ryo [d. h. den Arbeits- oder Ruheplatz] wechseln. Wenn es einen lästigen Streit gibt, sollte er beigelegt werden, indem man die Parteien höflich versöhnt. Wenn die beiden streitenden Personen sich nicht der Vermittlung des Ino beugen, dann sollte nach den Regeln geurteilt werden. Wenn etwas in der Gemeinschaft fehlt und derjenige, der es verloren hat, mit Nachdruck eine gründliche Untersuchung verlangt, dann soll der Ino den Mönchen Bescheid sagen und den betreffenden Studienraum durchsuchen. Wenn es bei der Suche nicht gefunden wird, dann sollte der Mönch die Gemeinschaft verlassen oder den Raum wechseln. Wenn ein verlorener Gegenstand nicht wichtig ist, dann sollte der Ino versuchen, die Person, die darum bittet, davon abzubringen, und vermeiden, die Gemeinschaft zu beunruhigen und den Geist des Klosters zu schwächen.

Wenn dem heiligen Bild von Manjushri in der Mönchshalle Geld geopfert wird, sollte es nur für den Kauf von Weihrauch, Lampen und Opfergefäßen verwendet werden, nicht für andere Zwecke. Wenn der Opferkasten geöffnet wird, sollte das Geld in die Obhut des Ino gegeben werden, der es dann zusammen mit Manjushris Jisha in die Buchhaltung einträgt und für Ausgaben verwendet.

Wenn es etwas gibt, das die staatliche Registrierung der Ordination[117] betrifft, muss der Ino warten, bis die Behörden ihre Anweisungen bekannt geben, und dann einen Aushang machen, der sie erklärt. Wenn er den Lebenslauf eines Mönchs erhält, sollte der Ino ihn mit dem Regierungsbüro abgleichen. Gemäß den gegenwärtigen Verfahren und Gepflogenheiten jedes Tempels und chinesischen Bezirks zahlt der Tempel Geld für die Registrierung der Mönche.[118] Obwohl die Einreichung von Dokumenten zur Beglaubigung allein die Pflicht des Leiters ist, soll der Ino, wenn sie über sein Büro kommen, sie natürlich ernsthaft und eingehend prüfen. Die Dokumente des Regierungsbüros zur Beglaubigung der ansässigen Mönche müssen alle vom Ino auf ihre Echtheit geprüft werden. Dies sollte nicht leichtfertig oder überstürzt geschehen.

---

[117] Die chinesische Regierung führte ein großes Priesterregister (jap. daisocho), in dem alle von ihr zu genehmigenden Ordinationen verzeichnet waren; die Registrierung musste alle drei Jahre erneuert werden.

[118] Diese Abgabe erfolgte auch, weil die Mönche vom Militärdienst befreit waren.

Wenn ein Mönch krank ist, sollten die Behörden informiert werden. Nach der Beerdigung eines verstorbenen Mönchs nennt der Ino einen Preis für die Roben und die Habseligkeiten und übergibt den Behörden die Ordinationsurkunde des verstorbenen Mönchs oder das Dokument, das ihm den Namen eines Nationallehrers und die violette Robe verleiht. Der Ino kümmert sich allein um all dies und informiert den Leiter, der dies den Behörden meldet. Die Übergabe der öffentlichen Dokumente und der Ordinationsurkunde des verstorbenen Mönchs an die Behörden sollte innerhalb der offiziellen Frist erfolgen.

Der Ino sollte das tsui chin schlagen und die Widmung rezitieren, die klar und detailliert die Spende einer Mahlzeit identifiziert, um die Erweckung der Güte des Spenders zu unterstützen.

Besonders beim Servieren von Tee an neu angekommene Mönche sollte es an Höflichkeit nicht fehlen. Sobald sie ankommen, muss ihr Ordinationsdatum dem Jisha des Abtes, den Tempelverwaltern, den Abteilungsleitern und der Abteilung, der sie zugeteilt sind, mitgeteilt werden. Es ist wichtig, dass das Alter, in dem sie ordiniert wurden, bekannt gemacht wird. Der Ino sollte in der Studienhalle für jeden neuen Mönch ein Namensschild für den Eintritt in die Halle und ein Namensschild mit dem Ordinationsalter anfertigen lassen, das bei den entsprechenden Gelegenheiten angebracht oder entfernt wird. Das Wichtigste ist, dass weder bei der Sitzordnung fürs Servieren des Tees noch bei der Rotation für die

Leitung der Studienhalle Fehler gemacht werden, die die Gemeinschaft durcheinanderbringen und stören könnten.

An der Gemeinschaftsarbeit [fushin] müssen alle Mönche gleichermaßen teilnehmen, mit Ausnahme des Leiters der Studienhalle und des Jikido[119]. Auch der Abt ist nicht entschuldigt, es sei denn, er ist krank oder hat offizielle Gäste; wenn der Abt nicht zeitig mit seiner Arbeit beginnt, muss der (für seinen Zeitplan zuständige) Jisha den Tempel verlassen.

Die Ino-Stelle wird in China die Freude der Sangha genannt. Obwohl die Position des Ino die Hinterlassenschaft des Ehrwürdigen Maudgalyayana darstellt, ist sie genau wie die majestätische Würde aller Buddha-Tathagata. Dies wird also die Position des Ino genannt, der alle, die ankommen, mit Liebe betrachtet und die Mönche mitfühlend nährt, so dass das Herz der Gemeinschaft zum eigenen Herz des Ino und die Achtsamkeit des Weges zur eigenen Achtsamkeit des Ino wird.

Deshalb kann diese Haltung Eltern zu fürsorglichen Eltern machen und Kinder zu liebevollen Kindern. In diesem Fall ist der Ino wie das Ruder eines Bootes, das einen großen Fluss überquert, oder wie eine lange Regenperiode nach einer großen Dürre.

Im „Sutra der dreitausend Haltungen" heißt es: „Es gibt sieben Dinge, mit denen man neu angekommene Mönche

---

[119] Der im Wechsel für die Hallenreinigung Zuständige; heute der Träger des Kyosaku-Weckstabs und zuständig für die Weckglocke zwischen den Übungseinheiten.

willkommen heißen sollte: Erstens, sobald sie ankommen, sich nach ihrem Wohlergehen zu erkundigen; zweitens, ihnen einen Sitzplatz entsprechend ihrem Dienstalter zu geben; drittens, ihnen einen freien Raum zur Verfügung zu stellen; viertens, Bettzeug, eine Decke und ein Kissen bereitzustellen; fünftens, Lampen bereitzustellen; sechstens, ihnen die Anweisungen für Mönche in diesem Tempel mitzuteilen; siebtens, ihnen die regionalen Sitten und Gebräuche zu erklären." Wenn ihr also einen neu angekommenen Mönch seht, fragt zuerst, ob er eine Übungsausstattung[120] hat oder nicht. Dann fragt, wie weit es zu seinem Heimatort ist. Fragt, ob sein ursprünglicher Ordinations-Lehrer noch lebt oder nicht, und dann, aus welchem Tempel er gerade gekommen ist. Danach solltet ihr ihn gemäß dem Dharma angemessen unterbringen.

Tenzo [Chefkoch]

Die Aufgabe des Tenzo ist es, die Mahlzeiten der großen Sangha zu verwalten. Der Tenzo muss den Geist des Weges aktivieren und das Essen im Einklang mit der Zeit verändern, um der Gemeinschaft Genugtuung, Frieden und Freude zu bringen. Auch darf der Tenzo die Lebensmittel des Tempels

---

120 Laut dem Brahmanetz-Sutra gehören zur Übungsausstattung des Mönchs auf Reisen achtzehn Dinge: Zahnbürste, Seife, Handtuch, drei Sätze Roben, Bettzeug, Trinkgefäß, Wasserfilter, Essschalen, Zagu, Gehstab mit Metallringaufsatz, Räuchergefäß, Streichhölzer, Pinzette, Sutras, Vinaya, Buddha-/Bodhisattva-Bilder.

nicht achtlos verschwenden. Die gesamte Küche muss gründlich kontrolliert werden, um Unordnung und verstreute Dinge zu vermeiden. Für die Küchengruppe sollten kompetente Mönche ausgewählt werden. Die Haltung des Tenzo sollte nicht zu streng sein, da dies die Mönche stören könnte. Aber der Ton sollte auch nicht zu entspannt sein, da Nachlässigkeit zu Fehlern in der Arbeit führen wird.

Wenn das Essen zubereitet wird, muss der Tenzo es persönlich tatkräftig verwalten, so dass alles auf natürliche Weise sauber und ordentlich ist. Bei der Zusammenstellung der Zutaten für das Mittagessen und das Frühstück muss die Kombination der Geschmacksrichtungen nach Absprache mit dem Leiter und den Tempelverwaltern überlegt und zusammengestellt werden. Lebensmittel wie Miso, Essig, Essiggurken und getrocknetes Gemüse dürfen ausschließlich auf Anweisung des Tenzo zubereitet werden, ohne Fehler bei der Zubereitung. Der Tenzo sorgt immer dafür, dass alle Küchen-Lampen und das Feuer zur richtigen Zeit angezündet werden.

Die Lebensmittelspenden müssen so gleichmäßig wie möglich verteilt werden. Alles, was den Leiter oder den Arbeitsleiter betrifft, sollte nur nach Absprache mit jedem von ihnen durchgeführt werden, und der Tenzo darf mit seinen Vorkehrungen nicht in ihre Autorität eingreifen und ihre Arbeit stören. Wenn der Herd, die Töpfe oder andere Utensilien in der Küche alt und beschädigt sind, muss der Tenzo sie nach Bedarf ersetzen.

Unterweist die Küchen-Mönche [anja], damit sie vorschriftsmäßig arbeiten können. Für den Dienst in der Mönchshalle oder das Anbieten von Essen in den verschiedenen Schlafsälen muss der Tenzo dafür sorgen, dass die servierenden Mönche im Detail unterwiesen werden, damit sie die vorgeschriebenen Verfahren gründlich kennen. Wenn sie ältere Lehrer sehen, sollten sich die Mönche verbeugen und Platz machen.

Wählt Mönche aus, die klug und scharfsinnig sind, um in den Räumen des Abtes, der Tempelverwalter und der Abteilungsleiter Mahlzeiten zuzubereiten und anzubieten, wenn diese nicht in der Mönchshalle essen.

Beobachtet immer die begleitenden Mönche der verschiedenen Ämter und überlegt, ob sie nicht zu unflexibel und stumpf sind, um das Essen zu verteilen. Wenn die Tempelverwalter oder Abteilungsleiter wieder von einem bestimmten Mönch bedient werden wollen, dann respektiert ihre Autorität und folgt ihren Wünschen, ohne stur die übliche Servier-Rotation einhalten zu wollen.

Die eigene Mahlzeit des Tenzo wird in der Küche eingenommen, aber das Essen sollte nicht anders sein als das der Gemeinschaft. Nachdem man beide Mahlzeiten zubereitet hat, bringt man zuerst Weihrauch dar und macht Niederwerfungen in Richtung der Mönchshalle, bevor man das Essen ausgibt.

Das Zen'en Shingi sagt: „Für das Darbringen von Speisen an die Sangha gibt es den Tenzo." Seit alten Zeiten haben angesehene Lehrer mit dem Geist des Weges diese Position besetzt, und diejenigen, die dieser Gesellschaft der vollendeten Meister nicht ähneln, wurden nie in dieser Position gefunden. In alten Zeiten haben Lehrer der Essenz wie Guishan, Jiashan, Wuzhuo und Jianyuan als Tenzo gedient. Was das Servieren von Essen für die Mönchsgemeinschaft angeht, sagt das Zen'en Shingi: „Ohne gewöhnlich oder heilig zu sein, kommen die Mönche aus den zehn Richtungen zusammen." Deshalb wird im Kloster den Wolken- und Wassermönchen aus allen Richtungen, ob mittelmäßig oder weise, Essen serviert, das mit Vortrefflichkeit und im Überfluss zubereitet wurde.

Der Tenzo besorgt die Zutaten für das Mittagessen und das Frühstück, jedes Reiskorn und jeder Gemüsestängel wird durch die Erfahrung der eigenen Hände des Tenzo beschafft. Das ist das Verdienst und die Tugend der Fäuste des Tenzo. Bereitet Nahrung zu, um die Buddha-Ahnen zu speisen; bereitet sie zu, um sie den Mönchen anzubieten. Seht nicht mit dem fleischlichen gewöhnlichen Auge, wie sie hergestellt wird. Messt nicht mit weltlichen Erwägungen, wohin sie gehört. Die Tugend und der Segen von Indra[121], des himmlischen Herrn der Schöpfung, und eines raddrehenden Königs (chakravartin) übertreffen nicht die Tugend und den Segen eines Tenzo. Der Reis und das Gemüse, die der Tenzo erhält, wurden nicht in Vergangenheit, Gegenwart oder Zukunft geschaffen und sind auch nicht wie das, was einfach aus dem

---

[121] Jap. Taishaku Ten.

Himmel oder der Erde oder dem menschlichen Bereich kommt. Sie werden durch das Heben der Arme empfangen und durch das Mitnehmen vertraut. Daher hat der Tenzo die Aufgabe, dem Weg den Weg darzubringen. Es ist die Zeit, in der der Geist dem Geist angeboten wird. So dient der Tenzo stets der Gemeinschaft. Deshalb sagt das Zen'en Shingi: „Wenn du diese Nahrung um des Erreichens des Weges willen empfängst, wirst du es dem Tenzo vergelten." Es wird also gesagt, dass der Geber und der Empfänger gleichermaßen den Weg erlangen. Zu diesem Zweck nehmt die Nahrung an.

Um den Empfänger zu befähigen, sich von Unrecht zu lösen, ist nichts so gut wie die vom Tenzo zubereitete Nahrung. Deshalb erlaubte der Tathagata Mahakashyapa, zusammen mit den Mönchen Nahrung zu erhalten.[122] Das Betteln um Nahrung war in diesem Fall zu einem Hindernis auf dem Weg geworden. Versteht zutiefst, dass die Mahlzeiten in der Kloster-Gemeinschaft der Buddha-Vorfahren die höchste Nahrung sind. Deshalb haben sie die gleiche Tugend wie das Betteln um Mahlzeiten.

Wenn ihr die Zutaten für die Zubereitung des Frühstücks und des Mittagessens am nächsten Tag bekommt, beschützt sie, als wären sie so wertvoll wie eure eigenen Augen. Zen-Meister Baoming Renyong vom Baoming-Tempel sagte: „Hüte das Eigentum des Tempels immer wie deine eigenen

---

122 Er konnte im Alter, allein im Wald lebend, nicht mehr selbst genug erbetteln, weswegen die anderen Mönche ihr Essen mit ihm teilten.

Augen." Nun bin ich der Meinung, dass wir das Eigentum des Tempels sogar noch besser schützen müssen als unsere Augen. Es wird gesagt, dass Shariputra einst seine Augen einem Brahmanen gab und dadurch in seinem Fortschritt auf dem Pfad stark behindert wurde. Das Tempelbesitztum sollte nicht denen gegeben werden, die außerhalb des Weges sind, damit wir auf dem Weg keine Rückschritte machen. Es muss genauso verehrt werden wie Nahrung, die dem Kaiser dargebracht wird.

Beim Kochen nicht Salz, Essig, Öl, Miso usw. abzuschmecken, ist die Lehre über die den drei Schätzen dargebrachten Speisen. Wenn wir von Reis oder Gemüse sprechen, sprechen wir mit Worten der Ehrfurcht. Behandelt sie nicht respektlos. Beschimpft Reis, Gemüse oder Suppe während der Zubereitung nicht mit grober, unanständiger oder widerlicher Sprache.

Im Zen'en Shingi heißt es: „Bei der Zusammenstellung der Zutaten und der Berechnung der Geschmacksrichtungen sollte man sich mit dem Leiter und den anderen Tempelverwaltern beraten, bevor man sich auf eine Kombination festlegt." Der Tenzo darf nicht nach seinem eigenen Geschmack vorgehen, sondern muss sich zunächst mit den Verwaltern beraten. Deren Zustimmung muss immer wieder eingeholt werden und darf nicht übereilt erfolgen. Die Tempelverwalter dürfen auch keine Entscheidungen treffen, die auf ihren eigenen persönlichen Neigungen beruhen. Beratet euch einfach gemeinsam, indem ihr den öffentlichen Geist, der allen gewidmet ist, und den Geist des Weges benutzt.

Sobald man sich geeinigt hat, hängt man die schriftliche Speisekarte an den speziellen Plätzen in den verschiedenen Hallen aus, wie z. B. in der Halle des Abtes, in der Studienhalle der Mönche, in der Halle für alte Mönche und in den Residenzen für pensionierte Tempelverwalter und Abteilungsleiter. Lasst sie von einem Novizen so schreiben, dass die verschiedenen Mittags- und Frühstücksgerichte im Detail bekannt gegeben werden.

Danach bereitet das Frühstück für den nächsten Morgen vor. Wenn ihr den Reis reinigt und das Gemüse auswählt, tut es mit euren eigenen Händen und mit persönlicher Begutachtung, Sorgfalt und Ernsthaftigkeit. Habt nicht einen einzigen nachlässigen oder unvorsichtigen Gedanken, wie wenn ihr eine Sache überwachtet und eine andere nicht. Dies bedeutet, dass der Tenzo schon ein einziges Staubkorn auf den Berg der guten Taten legen muss und keinen einzigen Tropfen aus dem Ozean der Tugenden hergeben darf.

Im „Sutra der dreitausend Haltungen" heißt es: „Es gibt fünf Dinge, die man beim Aussortieren oder Reinigen von Reis wissen sollte. Erstens, prüft selbst die Menge. Zweitens, mischt kein Gras oder Unkraut hinein. Drittens, entfernt jeglichen Mäusekot. Viertens, lasst keine Reiskleie zu. Fünftens, führt dies an einem sauberen Ort durch."

Im Zen'en Shingi heißt es: „Der Tenzo sollte der Gemeinschaft keine Speisen anbieten, die nicht die Vorzüglichkeit der sechs Geschmacksrichtungen aufweisen und mit den drei Tugenden ausgestattet sind." Die sechs Geschmacksrichtungen sind bitter, sauer, süß, würzig, salzig und einfach. Die drei Tugenden für Nahrung sind nach dem Mahaparinirvana Sutra: erstens, schlicht und weich; zweitens, sauber und rein; drittens, in Übereinstimmung mit dem Dharma zubereitet.

Als Nächstes sortiert den Reis und den Sand aus und achtet dem Dharma entsprechend ganz genau auf sie. Xuefeng war Tenzo, als er im Tempel von Dongshan Liangjie war. Eines Tages, als Xuefeng Reis reinigte, fragte Dongshan: „Siebst du den Reis aus dem Sand oder siebst du den Sand aus dem Reis?" Xuefeng antwortete: „Ich siebe den Sand und den Reis zur gleichen Zeit aus." Dongshan fragte: „Was wird die große Sangha dann essen?" Daraufhin kippte Xuefeng die Schale um. Dongshan sagte: „Wenn du uns verlassen hast, wirst du jemand anderen treffen und dich bei ihm niederlassen."

Die alten Buddhas des Weges arbeiteten umso eifriger mit ihren eigenen Händen auf dieser Position. Wie kann der gewöhnliche Strom ihrer Nachfolger und der spät eintreffenden Praktizierenden da ziellos lasch und nachlässig sein? Wenn sie in Übereinstimmung mit dem Dharma fleißig sind, dann werden auch die Heutigen auf dem Weg sein.

Nachdem ihr den Kessel gewaschen habt, fügt die Zutaten für die Mahlzeit hinzu und untersucht sie genau, um sicherzugehen, dass sie sauber sind. Im „Sutra der dreitausend Haltungen" heißt es: „Es gibt fünf Dinge, die man die Menschen über die Reinigung von Reis lehren kann. Erstens: Benutzt ein stabiles Gefäß. Zweitens: Benutzt sauberes Wasser. Drittens: Spült den Reis ab, indem ihr das Wasser fünf Mal wechselt. Viertens: Stellt ihn an einen abgeschirmten sicheren Ort. Fünftens: Macht einen Deckel darauf, um ihn zu schützen."

Im Zen'en Shingi heißt es: „Wenn ihr Essen kocht, müsst ihr euch persönlich darum kümmern, damit es natürlich und rein ist." Nachdem ihr Reis oder Gemüse in einem Topf auf den Herd gestellt habt, achtet darauf, dass sie gut geschützt bleiben. Lasst keine alten Mäuse in das Essen eindringen und achtet darauf, dass vorbeigehende Menschen es nicht untersuchen oder berühren. Selbst wenn man Mönche oder Arbeiter einsetzt, um ein Auge darauf zu werfen, muss der Tenzo das Essen persönlich schützen.

Im „Sutra der dreitausend Haltungen" heißt es: „Es gibt fünf Punkte beim Waschen von Töpfen. Der erste ist, dass man die Schöpfkellen nicht scharf gegen den Topfboden stößt. Zweitens: Gießt das alte, schmutzige Wasser in ein Gefäß, das abgedeckt werden kann, bevor ihr es wegschüttet. Drittens soll man den Topf bis zum Rand mit Wasser füllen, um ihn gründlich zu säubern. Viertens: Wenn er sauber ist, soll man ihn mit einem gewaschenen Holzdeckel abdecken. Fünftens soll man ihn Tag und Nacht fest verschlossen halten." Utensilien, die für das aktuelle Mittagessen verwendet werden, müssen ordnungsgemäß aufbewahrt werden. Das heißt, dass Reiskübel, Suppentöpfe, Teller und die verschiedenen Behälter und Utensilien sauber gewaschen und abgetrocknet werden sollen, und was an hohe Orte gehört, soll man hoch oben platzieren, was an niedrige Orte gehört, soll man niedrig abstellen. Hohe Plätze sind auf einer hohen Ebene, niedrige Plätze auf einer niedrigen Ebene. Schöpfkellen aus Holz und Eisen und Essstäbchen aus Bambus sollten alle ordentlich und sorgfältig platziert und aufbewahrt und mit einer sanften Berührung aufgenommen und abgelegt werden.

Um die Zutaten für das morgige Mittagessen zuzubereiten, sortiert zunächst den Reis aus und entfernt Insekten, ungenießbare Bohnen, Ablagerungen oder Reishülsen, Gräser und Kieselsteine, bis er davon rein ist. Lagert ihn dann an einem sauberen Ort. Als nächstes wählt die Mittagssuppe und das Gemüse für den nächsten Tag aus. Im „Sutra der dreitausend Haltungen" heißt es: „Es gibt fünf Aspekte bei der Zubereitung von Gemüse. Erstens: Entfernt alle Wurzeln. Zweitens: Ordnet sie alle nach Größe. Drittens: Legt niemals grünes und gelbes [d. h. verwelktes] Gemüse zusammen. Viertens: Wascht sie sauber. Fünftens: Legt sie alle zum Feuer hin [damit sie gleichmäßig garen]." Wenn man das weiß, kann man sie zum Kochen anordnen.

Wenn der Tenzo den Reis und das Gemüse zubereitet hat, rezitiert der anwesende Mönch Sutren, die der Ofenschutzgottheit (Zaogong, jap. Soko) gewidmet sind. Die gesungenen Sutren sind: das Kapitel „Friedliches und glückseliges Verhalten" aus dem Lotus-Sutra; das Vajra Prajnaparamita(Diamant)-Sutra; das Kapitel „Universelles Tor" (Fumonbon) aus dem Lotus-Sutra; das „Surangama-Dharani"

(Ryogonshu); das „Große Mitfühlende Herz-Dharani" (Daihi Shin Darani); das Kapitel über die Leerheit aus dem „Sutra des Goldenen Glanzes" (Konkomyo Kyo); Yongjias „Lied von der Erleuchtung des Weges" (Shodoka); die Ermahnungen von Guishan; oder die „Inschrift über den Glauben an den Geist" (Shinjinmei) des dritten Vorfahren. Jedes dieser Sutren kann je nach Anlass und verfügbarer Zeit der Schutzgottheit des Ofens gewidmet werden. Die Widmung lautet: „Wir haben das so benannte Sutra rezitiert." Und weiter: „Den Verdienst und die Tugend, dieses Sutra gesungen zu haben, widmen wir der wahren Hüterschaft der Ofengottheit dieses Tempels, um den Dharma zu schützen und den Wesen Frieden zu bringen. So rufen wir alle Buddhas in den zehn Richtungen und drei Zeiten an, ehrwürdige Bodhisattva-Mahasattvas, mahaprajnaparamita." Bittet einen fähigen anwesenden Mönch, dieses Chanten zu leiten und die Widmung zu rezitieren.

Wenn die begleitenden Mönche Reis oder Gemüse zubereiten, muss der Tenzo persönlich zusehen und das Essen sorgfältig prüfen. Was die vom Leiter erhaltenen Zutaten betrifft, so sollte der Tenzo weder deren Menge kommentieren noch über ihre Qualität urteilen, sondern sie nur mit Aufrichtigkeit zubereiten. Vermeidet auf jeden Fall emotionale Auseinandersetzungen über die Menge der Zutaten. Bis zum Ende des Tages und durch die Nacht hindurch sollte der Weg fleißig begangen werden. Während er den Haferschleim kocht, den Reis dämpft, die Suppe oder das Gemüse zubereitet, sollte der Tenzo die Küche nicht verlassen. Achtet persönlich mit klaren Augen darauf, kein Korn zu verschwenden und keinen Halm zu brechen.

Im „Sutra der dreitausend Haltungen“ heißt es: „Bei der Zubereitung einer Suppe gibt es fünf Aspekte. Erstens muss man die Zutaten in der richtigen Reihenfolge in die Suppe geben. Zweitens muss man sicherstellen, dass sie vollständig gekocht ist. Drittens muss man ihr einen angenehmen Geschmack verleihen. Viertens muss man sie persönlich überwachen und sicherstellen, dass sie rein ist. Fünftens ist, sobald sie fertig ist, das Feuer [d. h. das brennende Holz im Ofen unter der Suppe] zu entfernen und der Topf abzudecken.“

Wenn ihr einen dienenden Mönch oder einen Arbeiter zum Dämpfen des Reises oder zum Zubereiten der Suppe einsetzt, lasst diese Person das Feuer anzünden. Das „Sutra der dreitausend Haltungen“ sagt: „Beim Feuermachen gibt es fünf Punkte. Erstens: Wenn ihr das Feuer macht, legt das Brennholz nicht quer, d. h. horizontal ein [sondern längs in den Ofen von vorne nach hinten]. Zweitens: Verwendet kein grünes Brennholz. Drittens: Beim Erhitzen des Topfes darf das Holz nicht auf den Kopf gestellt werden. Viertens: Pustet nicht mit dem Mund auf das Feuer, um es anzufachen.[123] Fünftens: Haltet das Wasser nicht so lange am Kochen, dass es überkocht und das Feuer auslöscht.“

---

[123] Dafür wird üblicherweise ein Bambusröhrchen verwendet.

Wenn der Reis gedämpft und die Suppe fertig ist, gebt den Reis in einen Bambuskorb und die Suppe in einen Eimer und platziert sie auf dem Tisch. Wenn ihr die Nahrung gemäß dem Dharma verehrt, dann werdet ihr die Buddha-Vorfahren sehen und schließlich zu Guishan vordringen und gegen Shishuang stoßen. Dann kann der Tenzo einen einzigen Grashalm pflücken und damit ein Heiligtum für den Juwelenkönig errichten, und ein einziges Atom wie das große Dharma-Rad drehen. Daher ist das Bereitstellen von Suppe im Eimer und von Reis in den Schalen genauso wie das Drehen dieses Nahrungsrades oder das Drehen des Dharma-Rades.

Nachdem ihr das Essen ehrfürchtig auf den Tisch gestellt habt, bringt Weihrauch dar, wenn die Halle der Mönche bereit ist. Dann wendet man sich dem Reis- und Suppentisch und der Mönchshalle zu, faltet das Zagu aus und macht neun Niederwerfungen; danach hebt man das Zagu auf und verbeugt sich, und dann steht man im Shashu, während der hölzerne Fisch in der Mönchshalle angeschlagen wird. Wenn das Essen herausgenommen wird, verbeugt euch vor dem Reis und der Suppe. Der Tenzo folgt nach dem Essen und geht in die Halle, wenn die Mittagsversammlung ungewöhnlich groß ist; in diesem Fall hilft der Tenzo zusammen mit den Küchenmönchen beim Servieren des Essens. Beim Servieren zieht man nicht die Okesa an, sondern bindet die Ärmel der Robe zu und geht in die Halle der Mönche. Bei den üblichen Mahlzeiten ist dies nicht notwendig.

Wenn der Tenzo mit dem Kochen beschäftigt ist, sollte er, auch wenn er auf grobe Zutaten stößt, nicht nachlässig werden; und wenn er auf Köstlichkeiten stößt, sollte er umso eifriger sein. Daher ist die Erfüllung dieser Pflichten an einem Tag und in einer Nacht die Freude der Teilnahme an der Praxis (zuiki). Wie könnte man ohne das Mitgefühl und die Zustimmung des großen Lehrers Shakyamuni in diesem degenerierten Zeitalter und an diesem abgelegenen Ort aus eigener Kraft das Verdienst und die Tugend eines Tages und einer Nacht erhalten, während man sich einen ganzen Tag lang abmüht, um Essen für Mönche zuzubereiten? Wie viel mehr müssen wir für einen Tag dieser Arbeit dankbar sein, nachdem wir das Potential des Weges in Übereinstimmung mit dem Dharma gehört und übermittelt bekommen haben? Wenn wir nicht in den Ozean der Tugend der drei Schätze eingeflossen wären, wie könnten wir dann eine solche Tätigkeit ausüben? Wie viel mehr gilt das erst für ein Jahr dieser Arbeit? Wenn wir dies tun, sind wir entsprechend erfreut über das Verdienst und die Tugend unseres Selbst[124]. Angemessen das Verdienst und die Tugend unseres Selbst genießen ist genau das angemessene Genießen des Verdienstes und der Tugend, die den Buddhas gehören. Auf diese Weise nehmen wir freudig am Glanz der Buddhas teil, der dem Tenzo entgegenstrahlt. Wir müssen uns immer das vorherige Sprichwort vergegenwärtigen, um dies mit Respekt zu tun und die Essenz des Dharma für die Speisung von Mönchen

---

[124] Siehe Dogens Ausführungen zum Jijuyu Zanmai im Shobogenzo.

zu schätzen. Studiert genau die Bedeutung des Tenzo, der die Küche betritt.

Arbeitsleiter [Shissui]

Die Aufgabe des Arbeitsleiters besteht im Allgemeinen darin, alle Arbeiten im Tempel zu organisieren. Er muss alle Reparaturen im Tempel durchführen (lassen), einschließlich der Schlafräume, Tore und Fenster, Zäune und Mauern und aller Werkzeuge und Geräte für die tägliche Arbeit, und sich, wenn es die Zeit erlaubt, um Reparaturen und den Ersatz von Dekorationen und Ornamenten kümmern. Er muss sich um die Getreidemühle, die Felder und Gärten, die Arbeitsräume und Läden, die Ölraffinerie, die Latrinen, die Pferdeställe, Boote und Wagen, die allgemeine Reinigung und die Aussaat kümmern. Er muss den Tempel schützen, indem er Einbrecher fernhält, und er muss die verschiedenen Arbeiter einteilen und beaufsichtigen. All dies muss mit einer Haltung des eifrigen Dienens für alle getan werden und indem er versteht, wann und wie jede Aufgabe ausgeführt werden muss. Wenn größere Reparaturen oder bedeutende Projekte anstehen, sollten sie nach Rücksprache und mit der Zustimmung des Abtes durchgeführt werden, der sich dann mit den anderen Tempelverwaltern über den Plan des Arbeitsleiters berät. Sie sollten nicht nur nach der eigenen Sichtweise des Arbeitsleiters durchgeführt werden.

Der Arbeitsleiter hält sich im Kuin, dem Gebäude für die Küche und die Büros der Verwalter, auf, genau wie die anderen Verwalter des Tempels. Allerdings muss der Arbeitsleiter sich stets um seine Werkstatt kümmern und gründlich prüfen, ob die Arbeiter ihre Aufgaben erfüllt haben oder nicht. Obwohl sich die Werkstatt des Arbeitsleiters innerhalb des Tempels befindet, steht sie außerhalb des östlichen Korridors [östlich am Kuin vorbei], so dass das Geräusch der Äxte beim Holzhacken nicht die Mönchshalle, die Dharma-Halle, das Zimmer des Abtes oder den Kuin erreicht.

Im „Sutra der dreitausend Haltungen" heißt es: „Es gibt fünf Dinge, die man die Menschen über das Hacken von Brennholz lehren sollte. Erstens: Man soll es nicht auf Wegen tun. Zweitens: Man sollte sich zunächst vergewissern, dass der Stiel der Axt fest und sicher verankert ist. Drittens: Man sollte kein grünes Holz für Brennholz hacken. Viertens: Man sollte nicht respektlos Holz von Denkmälern[125] hacken. Fünftens: Man sollte das Holz an einem Ort aufstapeln, wo es trocknen kann."

Die Wasseruhr[126] eines Tempels befindet sich in der Werkstatt des Arbeitsleiters, wo zwei Arbeiter für sie zuständig sind. Der Arbeitsleiter pflegt und unterhält den gesamten Tempel mit zunehmender Umsicht und Demut, ohne etwas

---

[125] Damit sind vor allem die quadratischen Holzpflöcke gemeint, die als Denkmäler im Tempel oder auf Friedhöfen stehen.

[126] Ein Gefäß mit Loch im Boden, aus dem Wasser entwich, und einem senkrechten Stab darin, der das Vergehen der Zeit anzeigte.

zu vernachlässigen. Er repariert und ersetzt das Eigentum und die Ausrüstung des Tempels, um ihn sauber und glänzend zu halten. Gegenüber den gewöhnlichen Arbeitern und den Ofenwärtern hat der Arbeitsleiter eine Haltung, allen zu helfen, ohne irgendwelche persönlichen Interessen, er hat einen öffentlichen und keinen privaten Geist.

Das Zen'en Shingi sagt: „Für die Arbeit zum Wohle der Gemeinschaft der Mönche gibt es den Arbeitsleiter." Wenn Dinge alt und kaputt sind, sollte der Arbeitsleiter sie reparieren oder ersetzen, noch bevor er von den Mönchen darüber informiert wird. Das Zen'en Shingi sagt: „Der Lohn des Arbeitsleiters ist es, dass die Mönche friedlich in ihren Unterkünften praktizieren und das Eigentum des Tempels schätzen und schützen." Das Zen'en Shingi sagt auch: „Wenn ein ansässiger Mönch etwas empfängt und benutzt, ohne daran zu denken, dass es noch später von Menschen benutzt wird, ist das keine Belohnung für den Arbeitsleiter. Daher sind die Bemühungen des Arbeitsleiters die Bemühungen der Mönche. Die Belohnungen der Mönche sind die Belohnungen für den Arbeitsleiter. Wie könnte diese Aufgabe des Arbeitsleiters nur in der Verbreitung der konventionellen Wahrheit bestehen? Wie könnte dies nur etwas sein, das man empfängt und als Mittel zum Weiterkommen auf dem Weg benutzt?"

Die zuvor [im Abschnitt über Tempelverwalter] aufgezählten Punkte ergreifen alle die Nasen der alten Buddhas und sind die Augen der früheren Weisen. Sie können nicht daran scheitern, in Vergangenheit und Gegenwart nützlich zu sein.

Sie können nicht anders als dem Studium und der Erleuchtung des Weges zu entsprechen. Wenn die Oberschenkel und Ellbogen [d. h. die praktischen Aktivitäten des täglichen Lebens] aufgegeben werden, dann wird sicherlich auch der Scheitel des Kopfes gestürzt werden. Wie soll es dann ein Gesicht geben, das den Ahnen des Buddha begegnet?

Im Sommer des Feuerpferd-Jahres [1246] der Kangen-Periode [1243-1247], am fünfzehnten Tag des sechsten Mond-Monats, wurde dies vom Mönch Dogen, dem Gründer des Eiheiji-Tempels in Echizen verfasst.